BUKH DIESEL DV 10 + DV 20
WERKSTATTHANDBUCH

BUKH DIESEL DV 10 + DV 20 WERKSTATTHANDBUCH

ISBN/EAN: 9783954271504
Erscheinungsjahr: 2012
Erscheinungsort: Bremen, Deutschland

© maritimepress in Europäischer Hochschulverlag GmbH & Co. KG, Fahrenheitstr. 1, 28359 Bremen. Alle Rechte beim Verlag und bei den jeweiligen Lizenzgebern.

www.maritimepress.de | office@maritimepress.de

Bei diesem Titel handelt es sich um den Nachdruck eines historischen, lange vergriffenen Buches. Da elektronische Druckvorlagen für diese Titel nicht existieren, musste auf alte Vorlagen zurückgegriffen werden. Hieraus zwangsläufig resultierende Qualitätsverluste bitten wir zu entschuldigen.

Werkstatthandbuch

für BUKH DIESEL Motor Typ DV 10 + 20

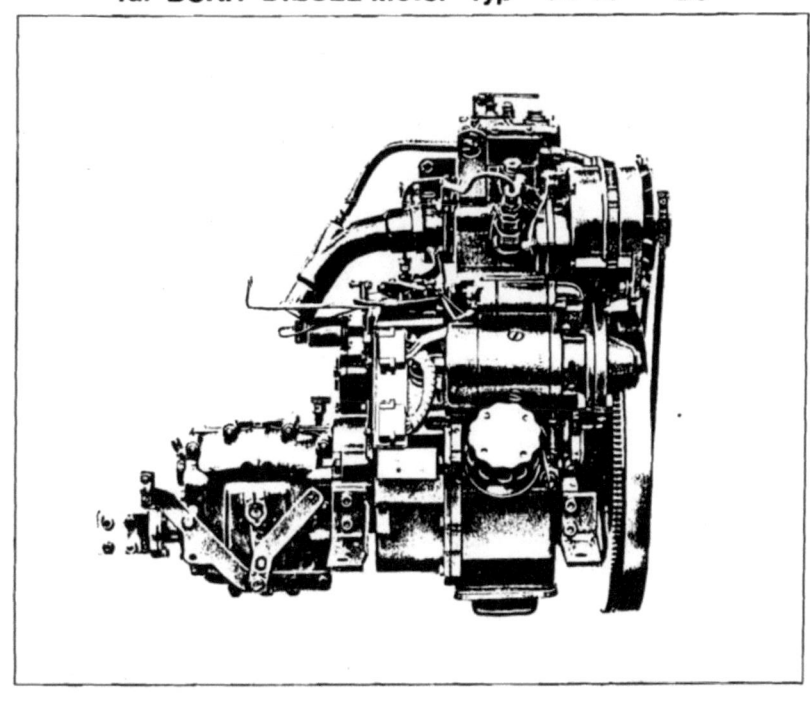

Inhalt:

Teil A	–	Spezialwerkzeuge für DV-Motoren
		Richtzeiten für Garantiearbeiten
Teil B	–	Allgemeine Beschreibung und technische Daten
Teil C	–	Zylinderkopf
Teil D	–	Schwungscheibe
Teil E	–	Vorderer Lagerdeckel
Teil F	–	Nach oben versetzter Handstart
Teil G	–	Hinterer Lagerdeckel
Teil H	–	Brennstoffsystem
Teil K	–	Kolben, Pleuelstange und Zylinderlaufbuchse
Teil L	–	Kurbelwelle, Zwischenlager, hinteres Hauptlager
Teil M	–	Nockenwelle
Teil N	–	Schmierölsystem
Teil O	–	Kühlsystem
Teil P	–	Elektrosystem
Teil R	–	ZF-Getriebe BW 6
Teil V	–	Instandhaltung
Teil X	–	Störungen in der elektrischen Anlage
Teil Y	–	Störungen am Motor

AUFSTELLUNG VON SPEZIALWERKZEUGEN FÜR DV-MOTOREN

In der nachfolgenden Aufstellung werden die Werkzeuge, die für die Montage, den Service und die Reparatur benötigt werden, einzeln behandelt.

Einbauwerkzeuge.

Benötigt von Bootsherstellern für den Einbau von Motoren, bestehend aus:

1) Nachstehend aufgeführten Service-Werkzeugen
2) Metallsäge
3) Bandmaß
4) Schablone DV 10
5) Schablone DV 20
6) Zentrierlager für Propellerwelle
7) Einstellehre 0,05 mm

Servicewerkzeuge.

Benötigt von Servicehändlern, die nur allgemeine Instandhaltungsarbeiten, wie Ölwechsel, Auswechseln von Filtern, Einstellung der Ventile usw. ausführen. Keine Arbeiten am Brennstoffsystem.

1) Maulschlüssel: NV 8, NV 10, NV 13, NV 14, NV 17, NV 19, NV 27, NV 30
2) einstellbarer Schlüssel: (Bahco) 6" und 10"
3) Wasserpumpenzangen (Stahlwille) 10"
4) Schraubenzieher (Stahlwille) 3 mm, 5,0 mm, 9 mm Klingenbreite
5) Imbusschlüssel, 2 mm
6) Hammer
7) Kombinationszangen
8) Ölsumpfpumpe (Enots M 924) Teil-Nr. 91237
9) Einstellehre für Ventile

REPARATURWERKZEUGE

Benötigt von Servicehändlern, die neben allgemeinen Instandsetzungsarbeiten auch Reparaturen durchführen, die in dem Werkstatthandbuch für DV 10 und DV 20 aufgeführt sind.

1) Servicewerkzeuge
2) Nachstehend aufgeführte Spezialwerkzeuge.

Teile-Nr.	Zeichnungsnr.	Beschreibung und Verwendung
	V 2109	Abzieher für Zylinderlaufbuchse
32946		Testsatz für Brennstoffeinspritzdüsen
32947		Reinigungswerkzeug f. Brennstoffdüsen
32949		Druckvorrichtung f. Einspritzpunkt der Brennstoffpumpe
32952		Mikrometeruhr
32953		Magnethalter f. Mikrometer
60679		Kolbenspannband
32954		Drehzahlmesser
	V 1669	Spezialwerkzeuge f. Demontage der Ventilfedern
60682	Autotest	Ventileinschleifsatz
		Saugpfropfen m. Griff zum Ventileinschleifen
		Maulschlüsselsatz (Gedore 19 PMZ 1/2")
		6 mm Imbus-Steckschlüsseleinsatz
		8 mm " " "
		4 mm Imbusschlüssel
32944		Drehmomentschlüssel (Stahlwille 73/6 1,5 - 6,5)
32942		Drehmomentschlüssel (Stahlwille 73/25 8 - 26)
	009P2211	Gebogener Maulschlüssel 10 mm (spezialgekröpft) für Pumpennocken
		41 mm Maulschlüssel, verlängert für Düsenhalter DV 20
		Sprengringzange (außen) A1, 10-28 mm **
		Seitenschneider (Stahlwille, 10581, 5 3/4")
		Flachzange (Stahlwille, 10646, 5 3/4")
60680		SKF-Hakenschlüssel HN10 f. SKF-Nuß (Kurbel)
60681		SKF-Hakenschlüssel HN12 f. SKF-Nuß (Kurbel)
		Kolbenbolzendorn (Kukko 27/2)
		Abzieher f. Zahnrad (Kukko 20/10)
	41069	Abzieher f. elastische Kupplung
	V2110	Montagewerkzeug f. Zwischengehäuse
	529 W 0000	Kompressionsdruck-Meßgerät
	000 E 2085	Verlängerung für Kompressions-Meßgerät
	009 P 2183	Werkzeuge f. die Demontage u. Montage der Hauptlager
	**	Sprengringzange (innen) J2, 19-75 mm

Richtzeiten für Reparaturen am BUKH Diesel DV 10 und DV 20 während der Garantiezeit.

Die Richtzeiten wurden für Garantiereparaturen ausgearbeitet. Sie umfassen Reparaturen, die eventuell während der Garantiezeit auftreten könnten.

Jede Zeitangabe umfaßt eine komplette Reparatur. Falls mehrere Reparaturzeiten zusammenfallen, könnten Zeiten reduziert werden.

Die Zeiten basieren auf reiner Montagezeit. Fahrzeiten bzw. Aufbereitung oder Reinigungen werden nicht vergütet. Montage von Zusatzausrüstungen, Probefahrten und Fehldiagnosen werden auch nicht vergütet. Falls eine Reparatur beim ersten Mal nicht zum Erfolg führt, kann keine weitere Leistung vergütet werden.

Voraussetzung für die Zeitkalkulation war, daß der Motor auf der Werkbank steht und alle notwendigen Spezialwerkzeuge zur Verfügung stehen.

Falls ein Motor aus dem Schiff ausgebaut werden muß, werden folgende Zeiten zusätzlich vergütet:

Ein- und Ausbau des Motors	4 Std.
Demontage und Montage des Motors im Schiff	3 Std.

Bei Detailfragen für Garantiearbeiten ziehen Sie bitte die Generalpolice für die jeweilige Arbeit zu Rate.

INHALTSVERZEICHNIS

Gruppe C	–	Zylinderkopf	Seite 1
Gruppe E	–	Vordere Endedeckel	Seite 2
Gruppe F	–	Handanlasser	Seite 3
Gruppe G	–	Hintere Endedeckel	Seite 4
Gruppe H	–	Kraftstoffsystem	Seite 5
Gruppe K	–	Kolben, Pleuelstange, Zylinderlaufbuchse	Seite 6
Gruppe L	–	Kurbelwellen u. Zwischenlager	Seite 7
Gruppe M	–	Nockenwelle	Seite 8
Gruppe N	–	Schmierölsystem	Seite 9
Gruppe O	–	Kühlsystem	Seite 10
Gruppe P	–	Elektrisches System	Seite 11

Gruppe C

Zeit in Stunden und Minuten

Reparaturangaben	DV 10	DV 20
Ventildeckel ausgewechselt oder Dichtung erneuert	0,20	0,25
Kipphebelwelle komplett mit Kipphebeln ausgewechselt	0,25	0,30
Einstellschraube für Kipphebel ausgewechselt, 1 Stück	0,25	0,30
Einstellschraube für Kipphebel ausgewechselt, 2 Stück	0,30	0,35
Zylinderkopf komplett mit Ventilen ausgewechselt	0,50	1,00
Zylinderkopfdichtung ausgewechselt	1,00	1,05
Ventil ausgewechselt und eingeschliffen, 1 Stück	1,30	1,35
Ventile ausgewechselt und eingeschliffen, 2 Stück	1,50	1,55
Ventil und Führung ausgewechselt, Sitz geschliffen, 1 Stück	2,00	2,05
Ventil und Führung ausgewechselt, Sitz gescgliffen, 2 Stück	2,15	2,20
Ventilfeder ausgewechselt, pro Stück	0,30	0,30
ohne Demontage des Zylinderkopfes		

Gruppe E   Zeit in Stunden und Minuten

Reparaturangaben	DV 10	DV 20
Abdeckkappe über vorderem Enddeckel erneuern	0,30	0,30
Auswechseln des Öldichtringes über vorderem Enddeckel	0,40	0,40
Auswechseln der vorderen Gegengewichte	0,40	0,40
Auswechseln des vorderen Zahnrades auf der Kurbelwelle	0,50	0,50
Auswechseln des vorderen Enddeckels	1,15	1,15

Gruppe F

Zeit in Stunden und Minuten

Reparaturangaben	DV 10	DV 20
Auswechseln der vorderen Kettenkastenhälfte für Handstart	0,20	0,20
Andrehklaue ausgewechselt	0,25	0,25
Kettenrad ausgewechselt	0,25	0,25
Kugellager auf Kettenradwelle ausgewechselt	0,30	0,30
Nadellager in vorderer Kettenkastenhälfte ausgewechselt	0,25	0,25
Hintere Kettenkastenhälfte ausgewechselt	0,30	0,30
Handstart komplett ausgewechselt	0,30	0,30

Gruppe G

Reparaturangaben	Zeit in Stunden und Minuten	
	DV 10	DV 20
1. Hintere Enddeckel demontiert m. kompletter Auswechslung des Reglers. Enddeckel montiert und Regler justiert	1,20	1,20
2. Hintere Enddeckel demontiert zum Auswechseln der Reglerwelle, Schwungklötze und anderen Einzelteilen	1,45	1,45
Dichtring im hinteren Enddeckel ausgewechselt	1,00	1,00
Auswechseln der hinteren Gegengewichte	1,10	1,10
Auswechseln und Justieren des Stoppknopfes	0,20	0,20
Auswechseln des Getriebes mit Ausrichten der Kupplungsglocke	0,40	0,40
Auswechseln der Kupplung	0,20	0,20

Gruppe II

Zeit in Stunden und Minuten

Reparaturangaben	DV 10	DV 20
Kraftstofförderpumpe komplett ausgewechselt	0,20	0,20
Einzelteile in der Kraftstoffpumpe ausgewechselt - Montage	1,00	1,00
Kraftstoffpumpe komplett ausgewechselt, Einspritzzeitpunkt justiert	0,30	0,30
Kraftstoff-Druckrohr ausgewechselt	0,10	0,15
Kraftstoff-Ventil ausgewechselt, 1 Stück	0,15	0,15
Kraftstoff-Ventil ausgewechselt, 2 Stück		0,25
Düse ausgewechselt, Druck eingestellt, 1 Stück	0,30	0,30
Düse ausgewechselt, Druck eingestellt, 2 Stück		0,40
Einstellung des Einspritzzeitpunktes	0,20	0,20
Überprüfung des Einspritzreglers m. Auswechseln von Teilen	1,30	1,30

Gruppe K

Reparaturangaben	Zeit in Stunden und Minuten	
	DV 10	DV 20
Auswechseln von Kolben mit Pleuelstange, 1 Stück	2,30	2,40
Auswechseln von Kolben mit Pleuelstange, 2 Stück		3,00
Auswechseln von Kolbenringen, 1 Stück	2,40	3,00
Auswechseln von Pleuellagern, 1 Stück	2,40	2,50
Auswechseln von Pleuellagern, 2 Stück		3,00
Auswechseln des hinteren Hauptlagers	3,30	4,30
Auswechseln der Ölwanne	0,15	0,15

Gruppe L

Reparaturangaben	Zeit in Stunden und Minuten	
	DV 10	DV 20
Auswechseln der Kurbelwelle	3,30	4,30
Auswechseln des hinteren Zahnrades für Kurbelwelle	1,30	1,30
Auswechseln des Hauptlagers		5,00

Gruppe M

Zeit in Stunden und Minuten

Reparaturangaben	DV 10	DV 20
Stößelstange ausgewechselt, 1 Stück	0,20	0,25
Stößelstange ausgewechselt, 2 Stück	0,20	0,25
Nockenwelle ausgewechselt	3,00	3,00
Führung f. Stößelstange ausgewechselt	3,30	3,30
Vordere Lagerbuchse f. Nockenwelle ausgewechselt	3,15	3,15

Gruppe N

Zeit in Stunden und Minuten

Reparaturangaben	DV 10	DV 20
Öldruckanzeiger ausgewechselt	0,15	0,15
Auswechseln des Peilstockes	0,10	0,10
Ölpumpe zerlegt u. montiert m. neuen inneren Teilen	0,30	0,30
Schmierölfilter komplett ausgewechselt	0,10	0,10
Öldruck eingestellt	0,15	0,15
Überdruckventil ausgewechselt	0,15	0,15

Gruppe 0

Zeit in Stunden und Minuten

Reparaturangaben	DV 10	DV 20
Kühlwasserpumpe komplett ausgewechselt	0,15	0,15
Kühlwasserpumpe repariert m. neuen Teilen und montiert	0,40	0,40
Thermostatgehäuse oder Thermostat ausgewechselt	0,20	0,20
Ablaßhahn ausgewechselt	0,15	0,15

Gruppe P

Zeit in Stunden und Minuten

Reparaturangaben	DV 10	DV 20
Batterie ausgewechselt	0,15	0,15
Spannungsrelais ausgewechselt	0,15	0,15
Dynastarter ausgewechselt	0,30	0,30
Keilriemen f. Dynastarter ausgewechselt	0,10	0,10

Allgemeine Beschreibung

BUKH DV 10 und DV 20 sind Einzylinder- bzw. Zweizylinder-Motoren mit Vorkammereinspritzung nach dem 4-Takt-System und mit Ein- und Auslaßventil, vertikal im Zylinderkopf eingebaut. Sowohl der Zylinderkopf als auch das Kurbelgehäuse sind wassergekühlt.

Zylinderkopf

Der Zylinderkopf besteht aus Grauguß und hat ein Ein- und Auslaßsystem, basierend auf Ein- und Auslaßventilen. Die Ventile arbeiten in auswechselbaren Ventilführungen im Zylinderkopf. Zwischen Kurbelgehäuse und Zylinderkopf befindet sich eine Zylinderkopfpackung, um die Dichte des Kühlwassers und der Kompression zu gewährleisten.

Kurbelgehäuse

Das Kurbelgehäuse besteht aus Grauguß und ist versehen mit einer auswechselbaren Zylinderlaufbuchse(n). Die Dichte zur Kurbelwelle wird durch O-Ringe gewährleistet, die zwischen Kurbelgehäuse und Zylinderlaufbuchse installiert sind.

Kurbelwelle

Die Kurbelwelle besteht aus gehärtetem verchromtem Stahl. Sie ist in zwei Hauptlagern gelagert, und bei dem DV 20 außerdem in einem Zwischenlager. Das Material der Lager ist Aluminium, qualitätsmäßig hoch druckbelastbar.

Die Kurbelwelle wird in achsialer Richtung durch die Hauptlager geführt und durch angedrehte Flächen auf den Kurbelarmen.

Die Flächen des Motors sind durch Simmeringe abgedichtet, die in den Enddeckeln eingebaut sind. Außerdem ist die Kurbelwelle mit aufschraubbaren Gewichten ausgerüstet, die die Vibration des Motors erheblich reduzieren. Um die Vibrationen des Motors noch mehr zu reduzieren, wurden vier kleine Gegengewichte, von der Kurbelwelle angetrieben, eingebaut.

Schwungscheibe

Die Schwungscheibe besteht aus Grauguß. Sie wird vorn am Motor an der Kurbelwelle befestigt. Die Schwungscheibe ist sehr groß dimensioniert, um einen gleichmäßigen, ruhigen Lauf zu gewährleisten. Außerdem befinden sich auf der Innenseite Kerben für den Dynastartkeilriemen.

Pleuelstangen

Die Pleuelstangen sind im Gesenk geschmiedet in H-Form.

Die Pleuellager sind Halbschalenlager aus einer Stahl-Aluminium-Legierung. An der unteren Pleuellagerhälfte befindet sich ein Zapfen für Schleuderschmierung.

Das Kolbenbolzenlager ist ungeteilt und besteht aus Spezialbronze.

Kolben

Die Kolben sind aus Aluminium. Der Verbrennungsraum ist im Kolbenboden eingelassen. Die Kolben sind mit drei Kolbenringen und einem Ölabstreifring versehen. Der Kolbenbolzen ist selbstschmierend ("floating") und hohl, hergestellt aus gehärtetem Stahl. Der Bolzen ist in axialer Richtung durch Sprengringe gesichert.

Nockenwelle

Auf der Welle befinden sich aufgeschrumpfte Nocken aus gehärtetem Stahl. Die Nockenwelle wird durch ein Zahnrad auf der Kurbelwelle und ein aufgeschrumpftes Zahnrad auf der Nockenwelle selbst angetrieben.

Diese beiden Zahnräder sind in der Position markiert, und es ist äußerst wichtig für das Funktionieren des Motors, daß diese Position bei Montage und Demontage genau eingehalten wird.

Der Benzinpumpennocken steht in Verbindung mit der Einspritzzeit. Er verändert die Einspritzzeit nach der Drehzahl des Motors.

Ventile

Die Ventile sind vertikal im Zylinderkopf eingelassen und aus Stahl hergestellt. Sie arbeiten in Grauguß-Ventilführungen, die in den Zylinderkopf eingepreßt sind.

Die Ventile arbeiten durch die Nockenwelle, über die Ventilfedern, Stößelstangen und Kipphebel.

Um eine optimale Abstimmung zum Zylinder und eine gute Leistung zu gewährleisten, ist das Einlaßventil größer dimensioniert als das Auslaßventil.

Schmierölsystem

Der Motor ist mit Hilfe einer Schmierölpumpe, die am hinteren Enddeckel montiert ist, druckgeschmiert. Die Rotationsölpumpe wird über die Nockenwelle angetrieben.

Brennstoffsystem

Der Brennstoff gelangt über das Einspritzventil in den Motor. Dieses Ventil bekommt den Kraftstoff unter hohem Druck von der Kraftstoffpumpe, die über die Nockenwelle angetrieben wird. Die Pumpe erhält das Dieselöl über eine Kraftstoffpumpe und einen Filter vom Tank.

Vorkammersystem (2-Phasen-Kammer)

Im Motor befindet sich eine Vorkammer in Verbindung mit einem Verbrennungsraum. Dieses System wurde konstruiert, um einen ruhigen Lauf zu gewährleisten. Der Kraftstoff wird in die Vorkammer eingespritzt und dort gezündet. Ein Teil des Dieselöls verbrennt und erzeugt einen Druck; dadurch gelangt der restliche Kraftstoff in den Zylinder, wo die Verbrennung beendet wird. Ein enormer Vorteil dieses Motors ist es, daß der Druck während der Verbrennung nicht plötzlich entsteht, und dadurch arbeitet der Motor ruhig und gleichmäßig.

Ein anderer großer Vorteil ist es, daß man selbstreinigende Einspritzdüsen verwenden kann. Bei einem Vorkammersystem ist außerdem eine weit sauberere Verbrennung gewährleistet. Umweltschädigende Substanzen, wie z.B. Kohlenmonoxyd und Ruß sind sehr minimal, ungefähr 4% besser als bei einem Benzinmotor und 25% besser als bei einem Diesel mit Direkteinspritzung.

Technische Daten für DV 10

Kolbendurchmesser	85 mm (3,346 inch)
Hub	85 mm (3,346 inch)
Zylinderanzahl	1
Hubvolumen	0,482 ltr. (29,4 in³)
Verdichtungsverhältnis	21,5 : 1
Verdichtungsdruck bei 2000/3000 U/min.	48 kg/cm² (682,5 psi)
Verbrennungsdruck	65 kg/cm² (924,3 psi)
Drehrichtung von vorn gesehen	Rechtslauf
Leerlaufdrehzahl	900 - 1200 U/min.
Max. Schräglage, nach hinten	15°
" " , seitwärts	25°

U/min.	2000	2400	3000
max. Leistung in DIN/PS (6270 A)	6,4	8,2	10
max. Drehmoment	2,3	2,5	2,4
Kraftstoffverbrauch in gr/PSstd.	245	250	250

Technische Daten für DV 20

Kolbendurchmesser	85 mm (3,346 inch)
Hub	85 mm (3,346 inch)
Zylinderanzahl	2
Hubvolumen	0,964 ltr. (58,83 in^3)
Verdichtungsverhältnis	21,5 : 1
Verdichtungsdruck bei 2000/3000 U/min.	48 kg/cm^2 (682,6 psi)
Verbrennungsdruck	65 kg/cm^2 (924,3 psi)
Drehrichtung, von vorn gesehen	Rechtslauf
Leerlaufdrehzahl	900 - 1200 U/min.
max. Schräglage, nach hinten	12°
" " , seitwärts	25°

U/min.	2000	2400	3000
max. Leistung DIN/PS (6270 A)	12,8	16,4	20
max. Drehmoment	4,58	5,01	4,77
Kraftstoffverbrauch in gr/PSstd.	245	250	250

ANZUGSMOMENTE IN KG (FT.LBF)

	DV 10	DV 20
Schwungscheibe	8-8.5 (58-61.5)	8-8.5 (58-61.5)
Gegengewicht	8-8.5 (58-61,5)	8-8.5 (58-61.5)
Zwischenlagernabe (7.5°)		1.5 (11)
" (20°)		2.5 (18)
elastische Kupplung	13-14 (94-100)	14-14 (94-100)
Zwischenlagernabe mit Keil, montiert		6.2 (44.8)
Zwischenlagernabe mit Schrauben, montiert		5.2-5.8 (37.6-41.9)
Welle für Gegengewichte	2.5 (18)	2.5 (18)
Zylinderkopf	15-17 (108.5-123)	9.5-10.5 (68.7-75.9)
Vorkammer	24-25 (173.5-180.8)	24-25 (173.5-180.8)
Düse im Düsenhalter	7-8 (50.6-57.8)	7-8 (50.6-57.8)
Düsenhalter in der Vorkammer	7-8 (50.6-57.8)	7-8 (50.6-57.8)
Druckventil	4 (28.9)	4 (28.9)
Kipphebelhalter	4-4.5 (28.9-32.5)	4-4.5 (28.9-32.5)
Pleuelstangenbolzen	5 (36.2)	5 (36.2)
Einspritznocken	1 (7.23)	1 (7.23)
Kraftstofförderpumpe	2 (14.5)	2 (14.5)
Kraftstoffilter auf Halter	4-4.5 (28.9-32.5)	4-4.5 (28.9-32.5)
Einspritzpumpe auf Enddeckel	2-2.3 (14.5-16.6)	2-2.3 (14.5-16.6)
Reglerwelle auf Enddeckel	5-5.5 (36.2-39.8)	5-5.5 (36.2-39.8)
Pumpennocken	2-2.3 (14.5-16.6)	2-2.3 (14.5-16.6)
Kühlwasserpumpe	2-2.3 (14.5-16.6)	2-2.3 (14.5-16.6)
Deckel aus Thermostatgehäuse	1 (7.23)	1 (7.23)
Dynastarthalterung	4-4.5 (28.9-32.5)	4-4.5 (28.9-32.5)
Dynastartspannbügel	2-2.3 (14.5-16.6)	2-2.3 (14.5-16.6)
Ölwanne	2-2.3 (14.5-16.6)	2-2.3 (14.5-16.6)
Schmierölpumpe	2-2.3 (14.5-16.6)	2-2.3 (14.5-16.6)

Teil C

Zylinderkopf

Inhalt

Explosionszeichnung vom Zylinderkopf DV 10 .... Seite C 3
Explosionszeichnung vom Zylinderkopf DV 20 .... Seite C 4
Auswechseln der Kipphebel oder Kipphebelwellen ...... Seite C 5
Demontage und Montage des Zylinderkopfes .... Seite C 6
Einstellen der Ventile .... Seite C 7
Demontage und Montage der Einspritzdüsen .... Seite C 8
Auswechseln der Aus- u. Einlaßventile .... Seite C 10
Auswechseln der Ventilführungen .... Seite C 13
Auswechseln der Ventilsitze .... Seite C 14
Vorkammer .... Seite C 15
Zylinderkopfdichtung .... Seite C 16
Montage der Ventilfedern .... Seite C 17
Einstellen des Dekompressionshebels .... Seite C 18
Kompression messen .... Seite C 19

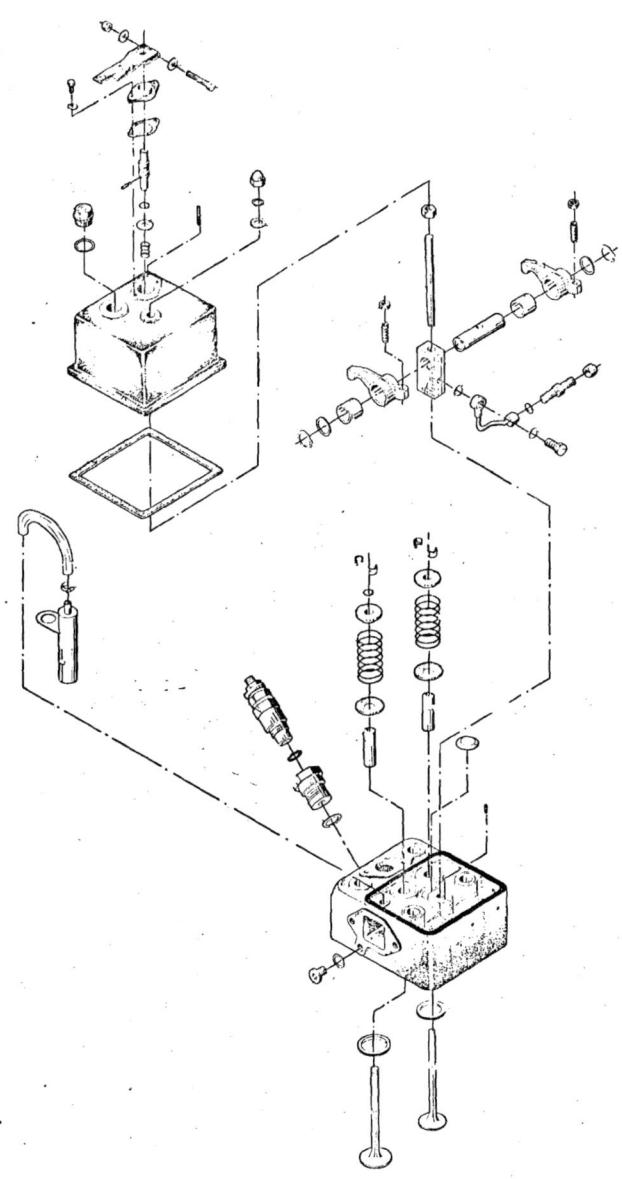

Zylinderkopf DV 10

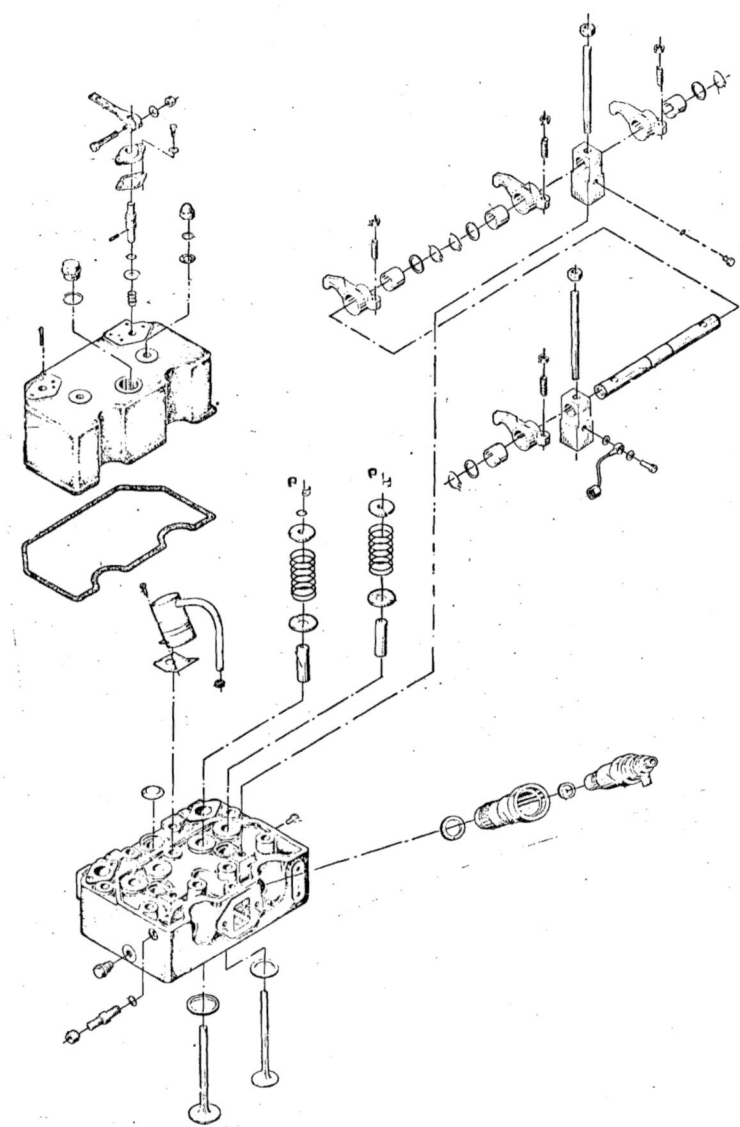

Zylinderkopf DV 20

Auswechseln von Kipphebeln oder Kipphebelwellen

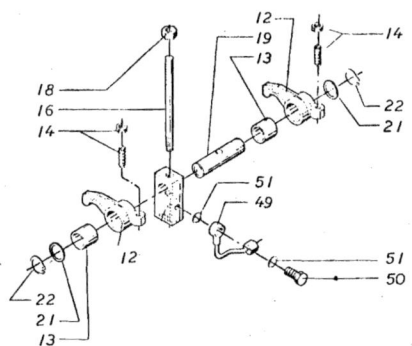

1) Entfernen Sie die Kabelanschlüsse für den Dekompressionshebel (falls vorhanden).
2) Demontieren Sie den Zylinderdeckel.
3) Nehmen Sie die Sprengringe heraus (22).
4) Entfernen Sie die Unterlegscheiben (21), danach können die Kipphebel heruntergezogen und erneuert werden, falls notwendig.
5) Die Mutter (18) abschrauben.
6) Drehen Sie die Hohlschraube (50) heraus und ziehen Sie die Stütze für den Kipphebel (15) aus dem Bolzen (16) heraus. Dann kann die Kipphebelwelle gewechselt werden. Die Montage nimmt man in der umgekehrten Reihenfolge vor.

Auswechseln der Führungsbuchse im Kipphebel.

Das Auswechseln der Führungsbuchse sollte vermieden werden, da eine besondere Angleichung (Ø) im Werk vorgenommen wird.

	Von Motor Nr.	bis Motor Nr.	Ersatzteilliste Nr.	Baujahr
DV 10	85957		4400.1.E	1973
DV 20	92447		4600.1.C	1973

Demontage des Zylinderkopfes

1) Lassen Sie das Kühlwasser vom Motor ab.
2) Demontieren Sie die Wasserzugänge mit den dazugehörigen Schläuchen.
3) Demontieren Sie den Ansaug- und den Auspuffkrümmer.
4) Entfernen Sie die Kabelanschlüsse für den Dekompressionshebel.
5) Demontieren Sie den Zylinderdeckel.
6) Demontieren Sie das Druckrohr von der Einspritzpumpe zur Einspritzdüse. Schließen Sie alle Öffnungen des Kraftstoffsystems mit Plastikkappen oder durch andere Hilfsmittel (bei der Demontage). Dadurch wird vermieden, daß Fremdkörper in das System gelangen.
7) Lösen und drehen Sie die Muttern vom Zylinderkopf heraus, danach kann der Kopf heruntergenommen werden.

Montage des Zylinderkopfes.

Die Montage wird in der umgekehrten Reihenfolge vorgenommen, unter Berücksichtigung folgender Punkte:

1) Anzugmoment des Zylinderkopfes.

   DV 10 - 15-17 kg   108.5 - 123 ft.lbf
   DV 20 - 9,5 - 10,5 kg   68.7 - 75.9 ft.lbf

2) Das Anziehen muß überkreuz und gleichmäßig vorgenommen werden, damit keine Verspannung auftritt.

Einstellen der Ventile

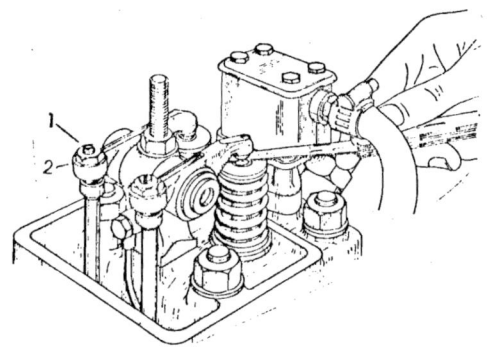

Das Ventilspiel muß nachgestellt werden, wenn der Motor kalt ist und sollte immer dann vorgenommen werden, nachdem der Zylinderkopf nachgezogen wurde. Außerdem sollte das Spiel alle 3 Monate kontrolliert werden.

Die Ventile werden nachgestellt, wenn der Kolben am oberen Totpunkt des Kompressionshubes steht.

Das Ventilspiel ist:

Einlaßventil	0,25 mm	0,01 inch
Auslaßventil	0,30 mm	0,012 inch

	Von Motor Nr.	bis Motor Nr.	Ersatzteilliste Nr.	Baujahr
DV 10	85000		4400.1.E	1973
DV 20	92000		4600.1.E	1973

Demontage der Einspritzdüsen

Drehen Sie die Einspritzdüse (26) aus dem oberen Teil der Vorkammer (24) heraus, natürlich nachdem die Druckleitungen demontiert wurden.

Montage der Einspritzdüsen

Die Montage wird in umgekehrter Reihenfolge vorgenommen. Es muß sehr sorgfältig darauf geachtet werden, daß die Düsen peinlich sauber und frei von Fremdkörpern sind.

Die Einspritzdüsen werden mit einem Anzugmoment von 7-8 kg (50,6 - 57,8 ft. lbf) angezogen.

Die Dichtung (27) zwischen Einspritzdüse und oberem Teil der Vorkammer muß bei der Montage sehr sorgfältig eingesetzt werden, d.h. den glatten Teil nach oben. Das ist von großer Wichtigkeit, da sonst die Düse leicht zu heiß wird und verkokt.

Die Dichtung sollte immer erneuert werden bei jeder Demontage des Kraftstoffsystems oder wenn die Düse im Düsenhalter erneuert wird oder wenn ein neuer Düsenhalter installiert wird.

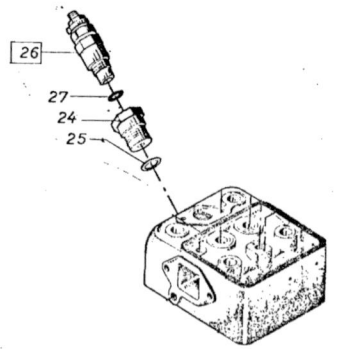

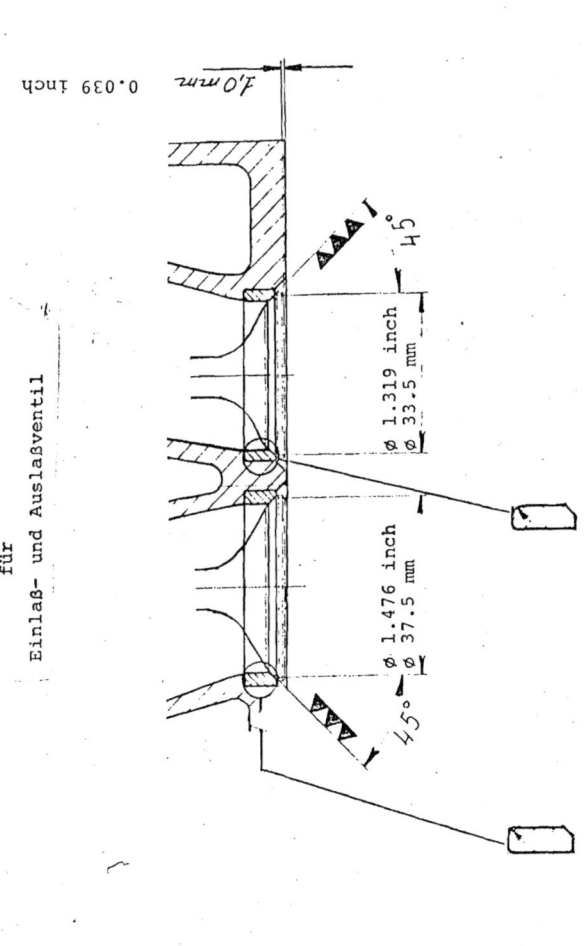

Reparatur oder Auswechseln von Einlaß- und Auslaßventilen

1) Demontieren Sie den Zylinderkopf (siehe Seite C 6).
2) Der Kopf wird in einen Schraubstock eingespannt, mit den Ventilsitzen nach unten.
3) Drücken Sie den Ventilfederteller mit dem unten abgebildeten Spezialwerkzeug herunter, entfernen Sie die beiden Ventilfederhalterungen (Hälften) und nehmen Sie dann die Ventilfedern und die Ventilfederführungen heraus.
4) Drehen Sie jetzt den Zylinderkopf herum und ziehen Sie die Ventile heraus, nachdem die O-Ringe vom Ventil entfernt wurden.

Falls die Ventile so sehr beschädigt sind, daß ein Nachbzw. Einschleifen mit Spezialwerkzeugen die angegebenen Toleranzen (siehe C 9) überschreitet, müssen sie gegen neue ausgetauscht werden. Ein Nachschleifen sollte man immer bei festen Ventilführungen vornehmen falls die Ventile nicht korrekt arbeiten.

Wenn die Sitze und Ventile oder nur die Ventile erneuert wurden, müssen sie mit Schleifpaste gegeneinander eingeschliffen werden. Von einer sehr sorgfältigen Durchführung dieser Arbeit hängt die Kompression des Motors ab.

Das Einschleifen von Ventilen wird auf der nächsten Seite beschrieben.

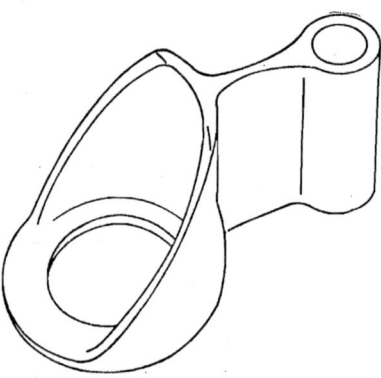

Das Einschleifen wird wie folgt vorgenommen

1) Drehen Sie den Zylinderkopf herum, so daß die Ventile frei sind und gedreht werden können (mit einem Gummi-Saugpfropfen).

2) Tragen Sie Schleifpaste auf das Ventil und den Ventilsitz auf und drücken Sie das Ventil gegen den Sitz, dann können Sie schleifen.

3) Während des Einschleifens muß das Ventil mit Hilfe des Saugpfropfes in verschiedene Richtungen gedreht werden. Während des Einschleifvorgangs das Ventil mehrere Male anheben und die Schleifpaste neu auftragen.

4) Um zu prüfen, ob das Ventil dicht ist, müssen Sie die Paste mit einem Reinigungsmittel entfernen. Danach markieren Sie das Ventil vier Mal in 90° Abständen (mit Tinte auf der Druckseite des Ventils). Jetzt drücken Sie das Ventil auf den Sitz und drehen es etwa um 20° in eine Richtung. Falls das Ventil dicht ist, sind die Markierungen verschmiert.

5) Bei der Montage muß man das Ventil und den Sitz mit einer dünnen Schicht Öl einfetten.

Maße für neue Ventile

Ventilschaft Durchmesser .... 8.972-8.987 mm (0.35323-0.35382 inch)
Bohrung der Ventilführung ...... 9.050-0.062 mm (0.35630-0.35677 inch)
Abstand zwischen Ventilschaft
und Ventilführung .... 0.063-0.090 mm (0.0025-0.0035 inch)

Die Ventilschäfte sind hart verchromt und die Chromschicht ist nur einige tausendstel Millimeter dick, folglich dürfen die Schäfte unter keinen Umständen geschliffen werden.

PASSMASSE FÜR VENTILFÜHRUNGEN - DV 10 UND DV 20

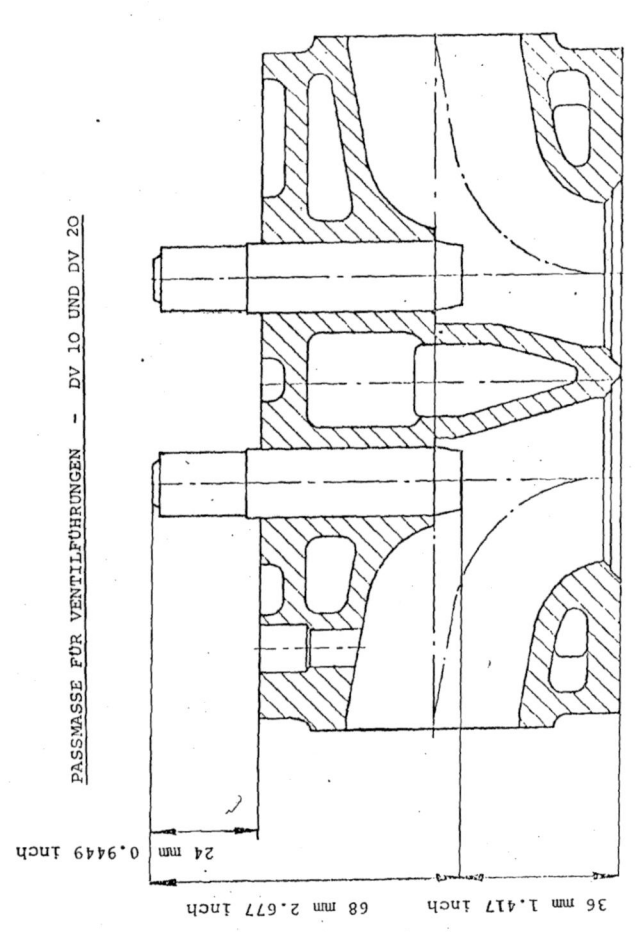

24 mm 0.9449 inch
36 mm 1.417 inch
68 mm 2.677 inch

Auswechseln der Ventilführungen

Die vier Ventilführungen sind auswechselbar und werden von oben in den Zylinderkopf eingepreßt. Wenn bei warmem Motor die Toleranz zwischen Ventilführung und Ventilschaft 0.1 mm (0.0039") überschreitet, muß die Führung ausgewechselt werden. Das geschieht wie folgt:

1) Demontieren Sie den Zylinderkopf und die Ventile nach den vorgegebenen Richtlinien.

2) Drücken Sie die Ventilführung von oben oder unten aus dem Zylinderkopf heraus.

3) Neue Führungen werden von oben eingepreßt in Übereinstimmung mit den angegebenen Maßen und Toleranzen der entsprechenden Seite.

4) Prüfen Sie, ob die Ventile in den Führungen frei sind.

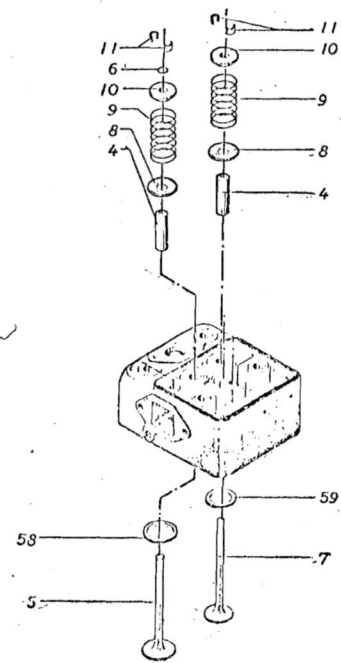

	Von Motor Nr.	bis Motor Nr.	Ersatzteilliste Nr.	Baujahr
DV 10	85182		4400.1.E.	1973
DV 20	92015		4600.1.E.	1973

Auswechseln der Ventilsitze

Beim Einschleifen der Ventile dürfen die Toleranzmaße, die auf Seite C 12 angegeben wurden, nicht überschritten werden. Die auswechselbaren Ventilsitzringe 58 und 59 auf Seite C 13 können wie folgt ausgewechselt werden:

1) Demontieren Sie die Ventilführungen (4) wie auf der entsprechenden Seite angegeben.

2) Drücken Sie mit einem dünnen Dorn durch das Ventilführungsloch den Ventilsitzring heraus. Drücken Sie dabei auf die schmale Kante des Ringes, welche den Zylinderkopf schützt.

Sie können auch den Ring mit Hilfe eines gebogenen Meißels und einer Bleiplatte wie folgt herausnehmen:

1) Schieben Sie die Bleiplatte als Schutz zwischen den Zylinderkopf und den Mittelpunkt des Meißels.

2) Drücken Sie das eine Ende des Meißels unter den Ventilsitzring und schlagen ihn dann heraus.

Bei der letzteren Methode sparen Sie die Zeit, die Ventilführungen herauszunehmen. Sie müssen aber unbedingt eine Bleiplatte verwenden, da Sie sonst Gefahr laufen, den Zylinderkopf zu beschädigen.

Montage der Ventilsitzringe

Bevor neue Ringe im Zylinderkopf eingepaßt werden, muß der ganze Kopf mit einem Schweißgerät oder in heißem Wasser auf 100° erhitzt werden. Dann schlagen Sie den Ring mit einem Dorn hinein.

Falls Sie die Möglichkeit haben, schlagen wir vor, den Ring abzukühlen, z.B. in einem Tiefkühlfach oder mit CO^2.

Sie müssen darauf achten, daß der Ring vollständig in der Passung liegt und daß sie absolut sauber ist.

Vorkammer

Bei den DV-Motoren besteht die Vorkammer aus einem
oberen und einem unteren Teil. Der obere Teil wird
in den Zylinderkopf eingeschraubt. Wenn die Einspritzdüse entfernt ist, kann man diesen Teil auswechseln.
Der untere Teil ist am Zylinderkopf angegossen und kann
daher nicht demontiert werden.

Wenn der obere Teil der Vorkammer in den Zylinderkopf
eingeschraubt wird, muß man das Anzugsmoment von 24-25 kg
(173.5 - 180.8 ft.lbf.) berücksichtigen.

Zylinderkopfdichtung

Die Zylinderkopfdichtung ist hergestellt aus "Victorcore 2000".
Dieses Material besteht aus einer Gummiasbestschicht mit einer
eingelassenen Stahlblechverstärkung. Wenn man die Zylinderkopfdichtung auswechselt oder die alte Dichtung noch einmal
gebraucht, müssen die Rillen im Kopf und in der Buchse absolut
sauber sein, um eine hundertprozentige Dichte zu gewährleisten.
Die Rillen kann man mit der Spitze eines Schabers reinigen.

Falls die Stehbolzen aus dem Kopf herausgeschraubt wurden,
ist es äußerst wichtig, daß sie wieder genau eingesetzt werden,
d.h., die Stehbolzen mit Führungen müssen genauso montiert werden, wie es die untere Abbildung darstellt.

Falls der Zylinderkopf mehrere Male demontiert wurde, kann
es vorkommen, daß das Metall um die Stehbolzen herum erhaben
ist, das kann man mit Hilfe einer scharfen Kante kontrollieren.
Falls das Material erhaben ist, muß es bearbeitet werden.

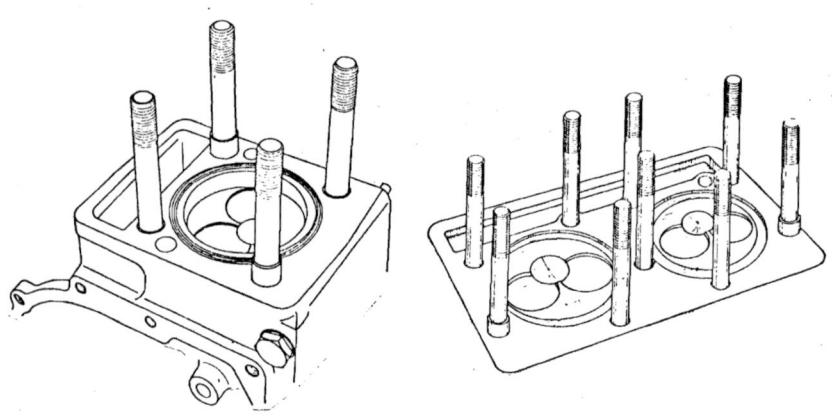

Montage der Ventilfedern

R I C H T I G   **F A L S C H**

Die Wicklung unten   Die Wicklung oben
zusammengedrückt ist   zusammengedrückt ist falsch.
richtig.

Wenn Sie die Ventilfedern montieren, müssen Sie darauf achten,
daß sie in der korrekten Stellung eingebaut werden - wie auf
der oberen Abbildung dargestellt.

Einstellung des Dekompressionshebels

Der Dekompressionshebel, der auf der unteren Abbildung gezeigt wird, kann wie folgt eingestellt werden:

1) Drehen Sie an der Schwungscheibe so lange, bis das Auslaßventil geschlossen ist.

2) Drehen Sie dann die Welle des Dekompressionshebels, bis sie den Kipphebel des Auslaßventils berührt.

3) Die Welle bleibt in dieser Position, und der Hebel wird jetzt lotrecht in Längsrichtung des Motors festgezogen.

4) Der Hebel wird mit einem Anzugsmoment von 0,9 - 1,0 kg (6,5 - 7,23 ft.lbf.) angezogen.

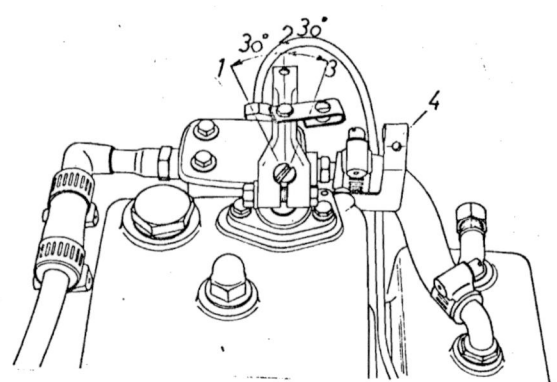

1) Normalposition
2) Einstellungsposition
3) Stellung, wenn Kompression weggenommen ist
4) Halter für Dekompressionshebel-Kabel

Messen des Kompressionsdruckes

Der Kompressionsdruck zeigt an, wie funktionstüchtig der Motor ist und wie gut er anspringt.

Da die Kompression im unteren Drehzahlbereich gemessen wird, sagt der Druck nicht unbedingt etwas über die allgemeine Kondition des Motors aus.

Darüber hinaus schlägt sich der Gasverlust in dem Druckgerät in geringen Werten auf der Kompressionsdruckkarte nieder. Nach unserer Erfahrung sollte der Druck wie folgt sein:

1) Bei einem neuen Motor zwischen 27-29 kg/cm² (383-412 PSI).

2) Bei einem Druck unter 25 kg/cm² kann ein Motor entweder gar nicht oder sehr schlecht anspringen.

Falls der Kompressionsdruck zu niedrig ist und man das Startproblem lösen will, muß man entweder die Zylinderlaufbüchsen, die Kolbenringe oder die Ein- u. Auslaßventile auswechseln.

Anweisungen auf der nächsten Seite.

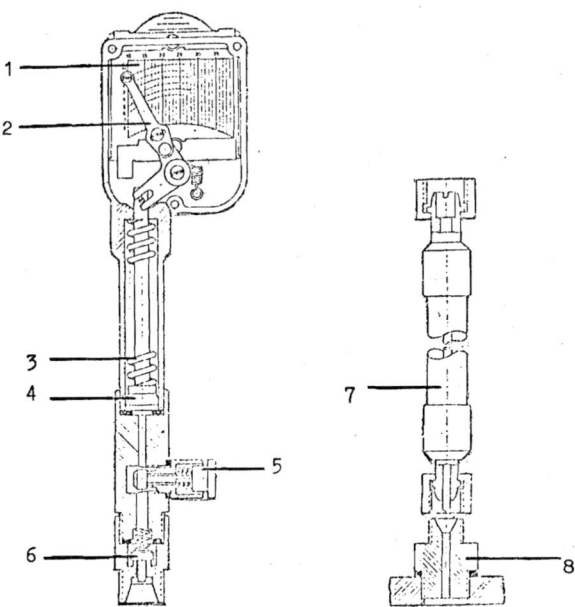

MotoMeter Kompressionsdruckgerät

Das MotoMeter-Kompressionsgerät besteht aus vier Teilen.

1) Eine Einheit bestehend aus Schreiber (2) mit Kolben (4), Ventil und Griff. Auf der einen Seite befindet sich das Rückschlagventil (5), auf der anderen Seite das Absperrventil, das den Druck im Zylinder hält.

2) Montieren Sie die Druckleitung (7) auf dem Gerät.

3) Zwischenstück (8). Zusammen mit dem Druckgerät werden zwei Anschlußstücke geliefert, die für alle Bukh-Motoren passen. Das Teil mit "A" markiert paßt für DV 10, DV 20, G 105, 4K 105 und 6K 105. Das Teil B paßt für 2G 105 und 3G 105.

Bedienungsanleitung

1) Stecken Sie eine neue Karte in das Druckgerät. Der Schreiber muß in der Anfangsposition stehen.

2) Montieren Sie die Druckleitung (7) und das Zwischenstück (8) auf dem Gerät.

3) Den Motor so lange laufen lassen, bis er normale Betriebstemperatur erreicht hat.

4) Stellen Sie den Motor ab und schließen Sie das Kraftstoffsystem.

5) Demontieren Sie den Düsenhalter.

6) Montieren Sie das Anschlußstück in dem oberen Teil der Vorkammer, wo normalerweise die Einspritzdüse ist.

7) Das Gerät mit der Druckleitung und dem Zwischenstück kann jetzt auf das Anschlußstück aufgeschraubt werden.

8) Drehen Sie jetzt den Motor entweder mit dem elektrischen Anlasser oder mit der Handkurbel, bis der Druckaufbau im Verbrennungsraum aufhört.

9) Drücken Sie jetzt auf das Absperrventil (5). Der Schreiber muß jetzt auf 0 zurückgehen.

10) Schieben Sie die Karte im Schreiber eine Position weiter, indem Sie den Hebel unter dem Handgriff auf der Rückseite des Gerätes betätigen.

11) Entfernen Sie das Anschlußstück.

Wiederholen Sie die Angaben unter 5) bis 11) für jeden Zylinder.

Teil D

Schwungscheibe

Inhalt

Montage und Demontage der Schwungscheibe ..... Seite D 3
Einstellung des Keilriemens .... Seite D **4**
Auswechseln des Anlasserzahnkranzes ., ... Seite D **5**

	Von Motor Nr.	bis Motor Nr.	Ersatzteilliste Nr.	Baujahr
DV 10	85000	89156	020D1501	1973
DV 20	92000	93637	020D1501	1973

Demontage der Schwungscheibe

1) Lösen Sie die Bolzen 8 u. 12 am Dynastarter.
2) Drehen Sie den Dynastarter nach unten, jetzt können Sie den Keilriemen entfernen.
3) Lösen Sie die sechs Imbusbolzen (19), die die Schwungscheibe auf der Kurbelwelle halten, jetzt können Sie die Schwungscheibe (ca. 30 kg) vom Kurbelwellenzapfen herunterziehen.

Montage der Schwungscheibe

Die Montage wird in der umgekehrten Reihenfolge vorgenommen, unter Berücksichtigung folgender Punkte:

1) Ziehen Sie die Imbusbolzen (19) überkreuz mit einem Anzugsmoment von 8-8,5 kg (58-61,5 ft.lbf.) an. Mit Lock-Tite einsetzen.
2) Der Keilriemen soll ca. 3-5 mm (0,1181-0,1969 inch) eingedrückt werden können.
3) Das Anzugsmoment für Bolzen 8 ist 4-4,5 kg (28,9-32,5 inch).
   "   "   "   " 12 " 2-2,3 kg (14,5-16,6 inch).
4) Es ist unbedingt notwendig, daß die Imbusbolzen für die Montage der Schwungscheibe verwendet werden, da es sich um Spezialmaterial handelt.

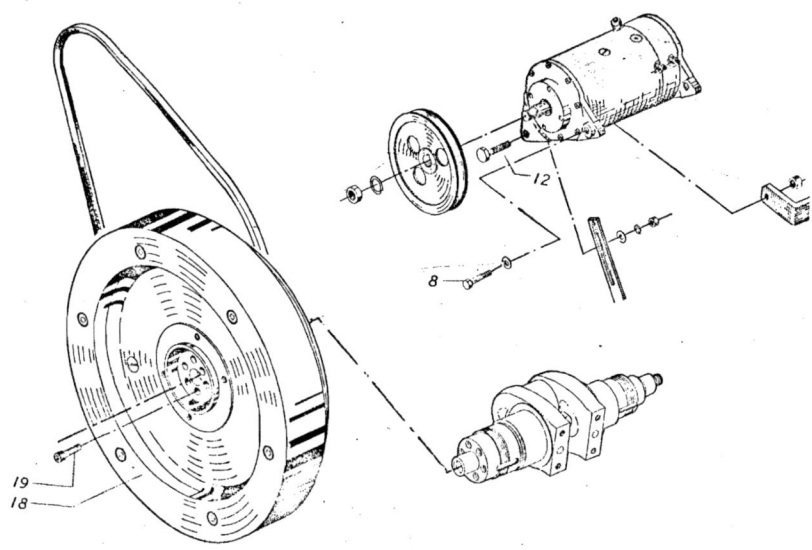

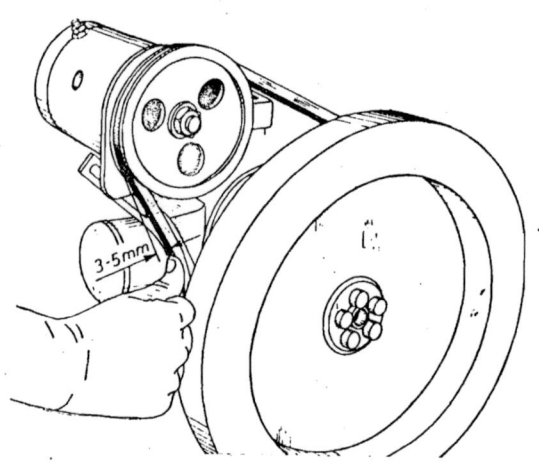

Einstellung des Keilriemens

	Von Motor Nr.	bis Motor Nr.	Ersatzteilliste Nr.	Baujahr
DV 10	89156		020D1501	1974
DV 20	93637		020D1501	1974

Von o.a. Motornummern an wurde aufgrund des elektr. Systems die Schwungscheibe geändert.

Die Schwungscheibe hat jetzt einen aufgeschrumpften Anlasserzahnkranz für das Anlasserritzel.

Weiter befindet sich auf der Vorderseite eine Keilriemenscheibe für den Keilriemen der Drehstromlichtmaschine. Für die Montage und Demontage gelten die gleichen Vorschriften.

Auswechseln des Anlasserzahnkranzes

1) Demontieren Sie die Schwungscheibe (Seite D 3).
2) Sägen Sie mit einer Eisensäge den Zahnkranz so weit wie möglich auf, ohne die Schwungscheibe zu beschädigen.
3) Schlagen Sie den Zahnkranz mit einem Meißel auf.
4) Reinigen Sie die Schrumpffläche auf der Schwungscheibe.
5) Wärmen Sie den neuen Zahnkranz auf 225°C an, entweder mit kochendem Wasser oder mit einer Gasflamme. Jetzt schrumpfen Sie den Kranz auf, bis er ganz am Rezess anliegt.

Teil E

Vorderer Enddeckel

Inhalt

Vorderer Enddeckel .... Seite E 3

Demontage u. Montage der Gegegewichte .... Seite E 4

Auswechseln der Simmerringe im Enddeckel ..... Seite E 5

" des Enddeckels .... Seite E 6

" der Wellen für Gegengewichte ..... Seite E 6

" des vorderen Hauptlagers .... Seite E 6

Montage der Gegengewichte ohne Markierung .... Seite E 4a

Der vordere Enddeckel besteht aus Grauguß (7), untere Zeichnung.
Er enthält ein vorderes Hauptlager. In den Deckel sind axial Wellen
eingepreßt (14a). die die Gegengewichte tragen (7). Die Gegengewichte bewirken die außerordentliche Laufruhe des Motors. Die
Gegengewichte werden durch einen Deckel geschützt. Beim DV 10
besteht dieser aus Stahlblech, beim DV 20 aus Grauguß.

Beim DV 10 hat dieser Deckel keine Löcher (20), keine Imbus-
schrauben (18) und keinen Konus und Zwischenring (16/17). Wenn
Sie die Gegengewichte beim DV 10 demontieren, müssen Sie zuerst
den Deckel (14) abschrauben und dann nach den unteren Richtlinien
von Punkt 4 ab vorgehen.

Demontage der Gegengewichte

1) Demontieren Sie die Schwungscheibe (siehe Seite D 3).
2) Drehen Sie die Imbusschraube (18) aus dem Deckel (14)
   heraus und entfernen Sie den Konusring (17).
3) Nehmen Sie den Deckel (14) herunter.
4) Entfernen Sie den Sprengring (9), die Scheibe (8) und,
   falls vorhanden, die Distanzscheiben.
5) Jetzt können Sie die Gegengewichte herunternehmen.

Vermeiden Sie, die Buchse in den Gegengewichten auszuwechseln,
da besondere Passung im Werk vorgenommen wurde.

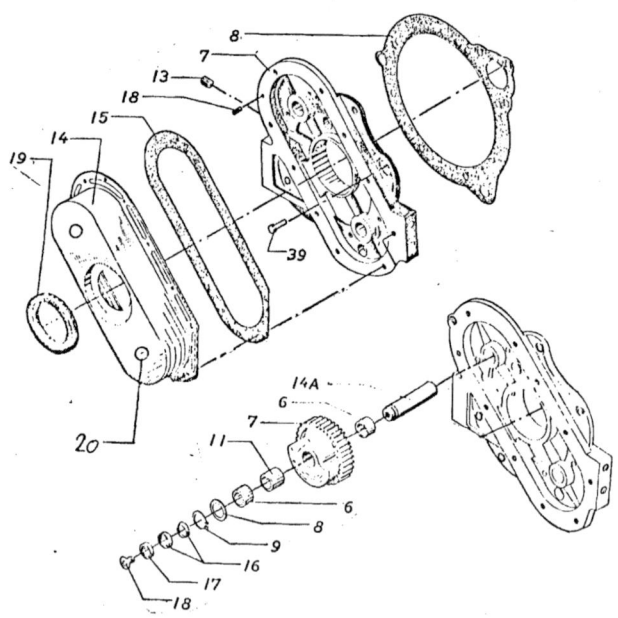

Montage der Gegengewichte

Die Montage wird in umgekehrter Reihenfolge wie die Demontage vorgenommen, dabei muß sehr sorgfältig auf die Zahnmarkierungen geachtet werden (siehe unten). Wenn die Gegengewichte montiert werden, muß sich der Kolben in der oberen Stellung befinden.

1) Bei älteren Motorentypen montieren Sie die Gewichte so, daß die markierten Zähne mit der Markierung auf dem Kurbelwellen-Zahnrad übereinstimmen.

2) Bei neueren Motorentypen werden die Gewichte wie folgt montiert: Ein Zahn mit einer Markierung steht einer Zahnkerbe gegenüber. Ein Zahn mit zwei Markierungen steht einer Zahnkerbe mit einer Markierung gegenüber. Eine Zahnkerbe mit zwei Markierungen in gleicher Weise.

Das axiale Spiel der Gegengewichte ist 0,1 - 0,4 mm. Die Abstimmung kann mit Unterlegscheiben vorgenommen werden.

Neuer Motorentyp   Alter Motorentyp

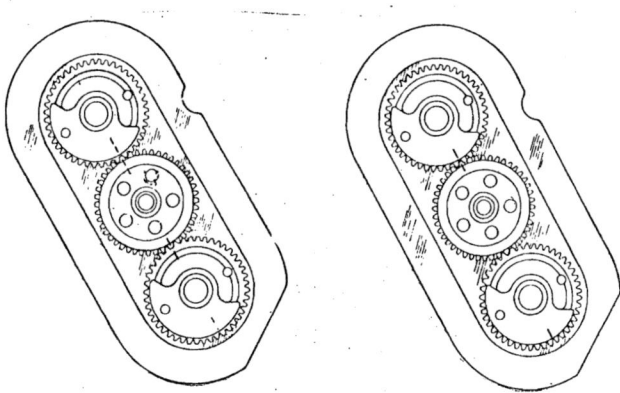

Markierungen auf den Gegengewichten.

E 4a

	Von Motor Nr.	bis Motor Nr.	Ersatzteilliste Nr.	Baujahr
DV 10	85000		021D0101	1973
DV 20	92000		022D0101	1973

Montage der Gegengewichte ohne Markierung

Es spielt keine Rolle, ob die Gewichte mit oder ohne Markierung sind. Es ist sehr einfach, die Einstellung vorzunehmen, wenn man wie folgt vorgeht.

1) Drehen Sie den Kolben auf die obere Position.
2) Montieren Sie die Gegengewichte mit dem schweren Teil nach unten.

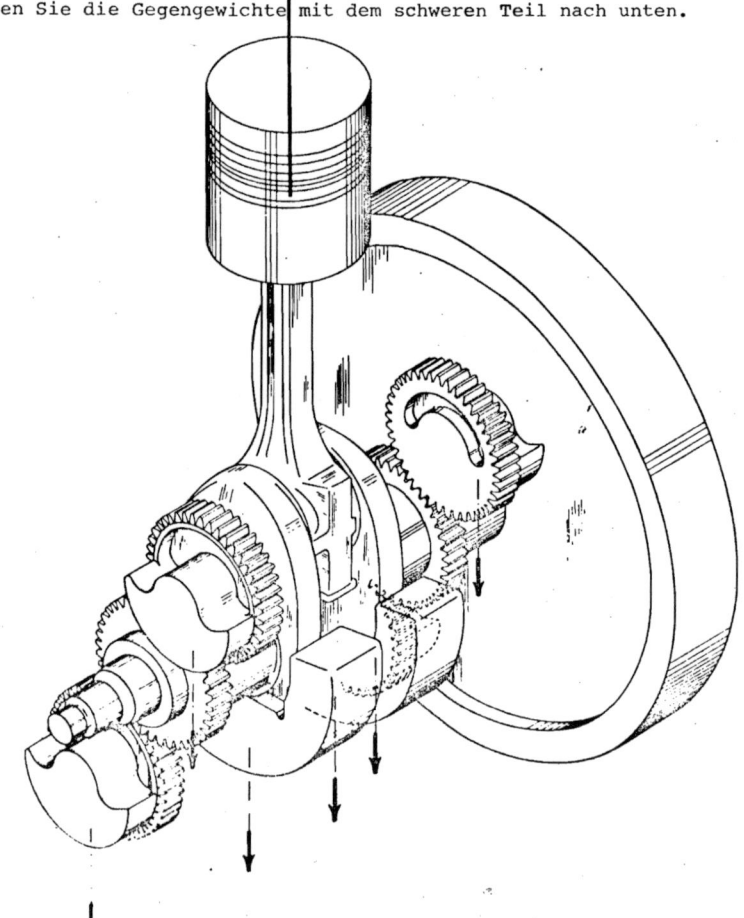

Auswechseln des Simmerringes in der Führung (vorderer Enddeckel)

Falls der Simmerring abgenutzt ist, d.h., daß die Oberfläche
1,5 mm überschreitet, muß der Ring ausgewechselt werden.
Die Erneuerung wird wie folgt vorgenommen:

1) Demontieren Sie das Schwungrad (siehe Teil D, Seite 3).
2) Entfernen Sie die Schrauben und die Führungsbolzen aus
   dem Deckel.
3) Nehmen Sie den Deckel herunter und drücken Sie den Simmerring
   heraus (mit einem Rohr oder ähnlichem Werkzeug).
4) Setzen Sie einen neuen Simmerring mit Hilfe des unten aufgeführten
   Montagedorns ein.

Bemerkung: Der offene Teil des Ringes muß in Richtung Motor
           eingebaut werden.

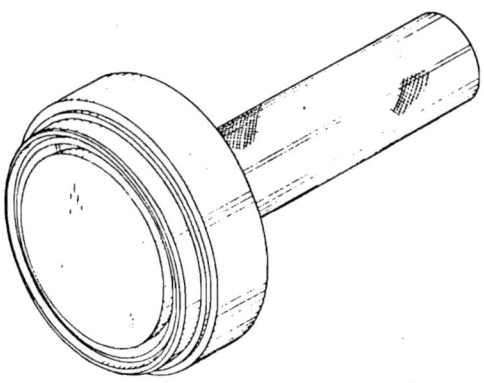

Montagedorn für Simmerring.

Auswechseln des vorderen Enddeckels

1) Demontieren Sie die Schwungscheibe (siehe Teil D, Seite 3).
2)   "   Sie den Deckel für die Gegengewichte.
3)   "   Sie die Gegengewichte (siehe Seite E 3).
4) Entfernen Sie die Mutter auf der Kurbelwelle, nachdem Sie die Deckplatte gelöst haben.
5) Ziehen Sie das Zahnrad von der Kurbelwelle herunter.

Falls der Motor mit einer nach oben verlegten Handstartvorrichtung ausgerüstet ist, demontieren Sie diese Vorrichtung ebenfalls.

6) Demontieren Sie die Muttern vom Enddeckel und nehmen Sie diesen herunter.

Die Montage geschieht in der umgekehrten Reihenfolge. Der Enddeckel wird mit einem Anzugmoment von 2 - 2,3 kg (14,5 - 16,6 ft.lbf.) angezogen.

Auswechseln der Wellen für Gegengewichte

Die Gegengewichtswellen haben ein Maß von 19,939 - 19,960 mm. Bei neuen Motoren können die Wellen ausgewechselt werden, indem man den Enddeckel demontiert und die Wellen herauspreßt.

Beim Auswechseln muß darauf geachtet werden, daß die hintere Schmierölbohrung mit der Bohrung im Enddeckel übereinstimmt.

Auswechseln des vorderen Hauptlagers

Im vorderen Teil des Enddeckels befindet sich ein beschichtetes Stahllager. Wenn das Lager beschädigt ist oder wenn rötliches Metall unter der Beschichtung vorschimmert, sollte es ausgewechselt werden.

Das Auswechseln des Lagers wie folgt vornehmen:

1) Demontieren Sie den Deckel wie vorher beschrieben.
2) Drücken Sie das Lager heraus.
3) Ölen Sie das neue Lager auf beiden Seiten und montieren Sie es mit einem Montagedorn oder mit einer Presse. Der äußere Rand des Lagers muß mit der Vorderkante der Lagerbohrung im Enddeckel abschließen.

Bemerkung: Die Schmierölbohrung im Lager muß mit der Einlaßbohrung im Enddeckel übereinstimmen.

Teil F

Nach oben verlegte Handstartvorrichtung

Inhalt

Nach oben verlegter Handstart .... Seite F 3

Demontage der Handstartvorrichtung
am vorderen Teil des Motors .... Seite F 4

Demontage der Handstartvorrichtung
am hinteren Teil des Motors .... Seite F 5

Nach oben verlegte Handstartvorrichtung an der Vorderseite d. Motors

	von Motor Nr.	bis Motor Nr.	Ersatzteilliste Nr.	Baujahr
DV 10	85000		4402.4.A	1973
DV 20	92000		4402.1.D	1973

	von Motor Nr.	bis Motor Nr.	Ersatzteilliste Nr.	Baujahr
DV 10	85000		4402.2.A	1973
DV 20	92000		4602.2.B	1973

Die Standard-Handstartvorrichtung am DV 10 ist auf der Vorderseite des Motors, die Vorrichtung kann aber auch für Montage an der Hinterseite geliefert werden.

Die beiden verschiedenen Arten sind von gleicher Konstruktion. Die Handkurbel überträgt die Verbindung auf die Nockenwelle über einen konischen Zahnradsatz und eine Kette.

Die Kühlwasserpumpe ist an dem Kettenkasten montiert. Darin befinden sich die Zahnräder und die Kette.

Demontage der Handstartvorrichtung auf der Vorderseite

1) Ziehen Sie die Handkurbel (16) heraus.
2) Nachdem Sie das Wasser vom Motor abgelassen und die Ein- und Auslaßleitungen von der Wasserpumpe abgeklemmt haben, können Sie die Wasserpumpe abbauen.
3) Drehen Sie die Schrauben (13) heraus und ziehen Sie dann die vordere Kettenkastenhälfte herunter (11). Achten Sie auf die Feder (9) und den Führungsbolzen (8).
4) Ziehen Sie das Zahnrad (10) vorsichtig aus dem Kettenkasten heraus.
5) Drücken Sie den äußeren Ring des Kugellagers (24) durch die Wasserpumpenöffnung aus der Kettenkastenhälfte heraus.
6) Demontieren Sie das Gehäuse (5) und ziehen Sie es herunter.
7) Entfernen Sie die Sprengringe (22/17).
8) Lösen Sie den großen Sprengring hinter dem Lager (21) und schlagen Sie das Kettenzahnrad vorsichtig mit einem Plastikhammer heraus, indem Sie auf das Wellenende schlagen.
9) Nehmen Sie die Endloskette (26) heraus.
10) Falls der innere Ring des Kugellagers abgenutzt ist, nehmen Sie ihn heraus.

Die Montage geschieht in der umgekehrten Reihenfolge. Das Anzugsmoment für die Kettenkastenhälften beträgt 0,9 - 1,0 kg (6,5 - 7,23 ft.lbf.).

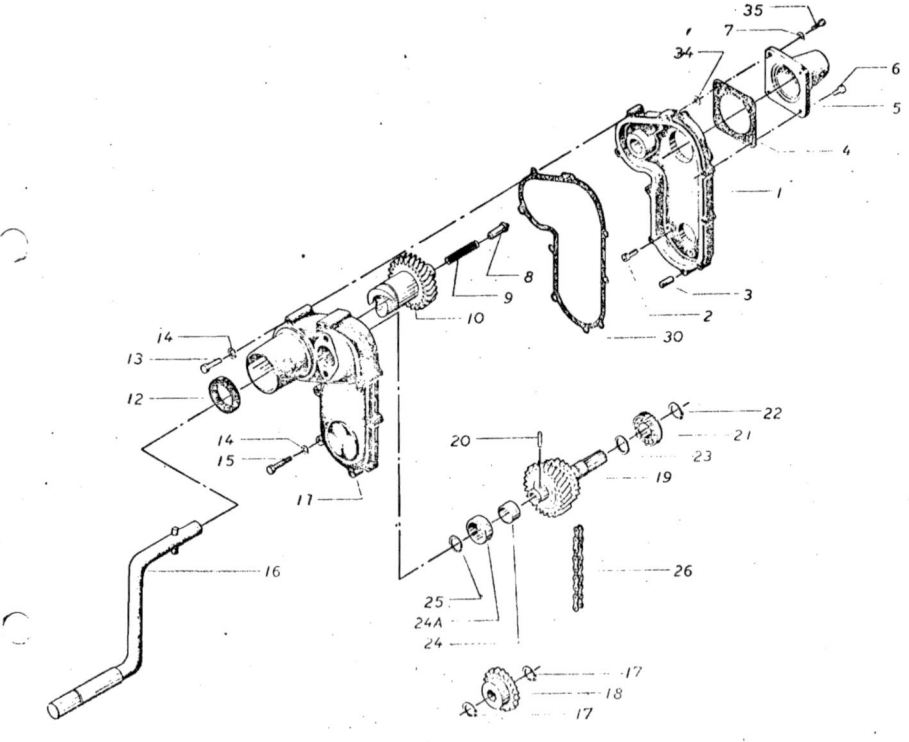

Demontage der Handstartvorrichtung auf der hinteren Seite

1) Ziehen Sie die Handkurbel (16A) heraus.
2) Nachdem Sie das Wasser vom Motor abgelassen und die Ein- und Auslaßleitungen von der Wasserpumpe abgeklemmt haben, können Sie die Wasserpumpe abbauen.
3) Drehen Sie die Schrauben (13) heraus und ziehen Sie dann die vordere Kettenkastenhälfte (11) herunter.
4) Drehen Sie den äußeren Ring des Nadellagers (24) durch die Wasserpumpenöffnung heraus.
5) Drehen Sie den Motor, bis die Madenschraube (10A) mit der Bohrung im Gehäuse (5A) übereinstimmt.
6) Lösen Sie die Madenschraube und ziehen Sie die Anlaßklaue (10) heraus.

Jetzt wird die weitere Demontage wie unter den Punkten 6) bis 10) (Handstartvorrichtung auf der Vorderseite) vorgenommen.

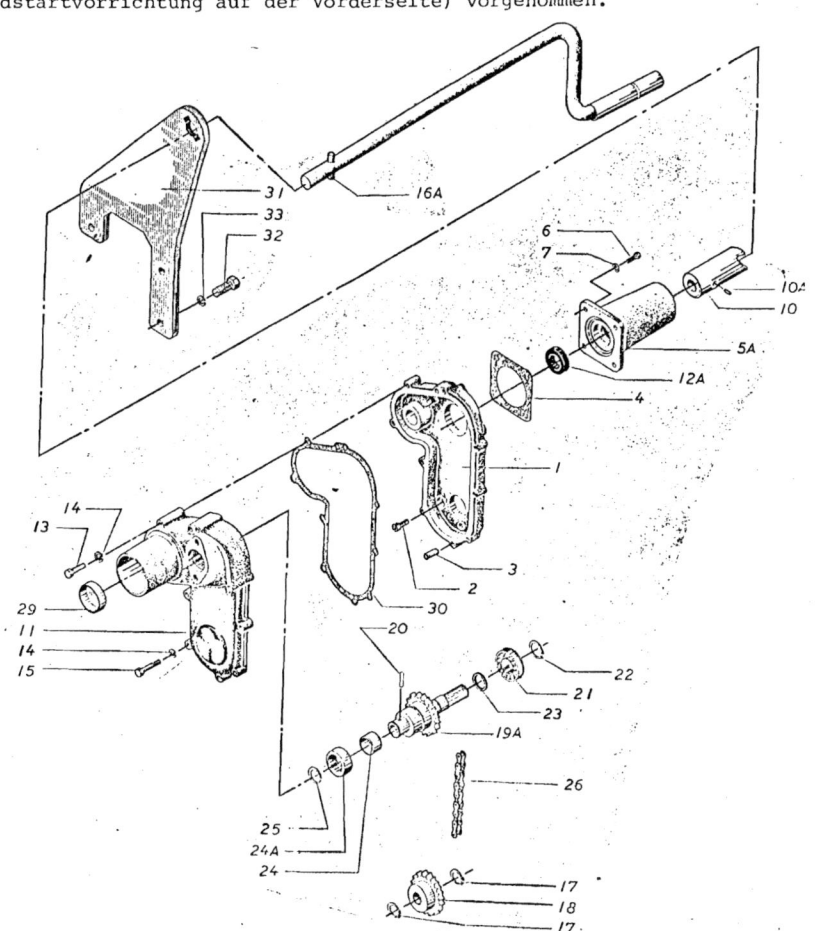

Teil G

Hinterer Enddeckel

Inhalt

Demontage des hinteren Enddeckels .... Seite G 3

Demontage u. Montage der Gegengewichte ..... Seite G 4

Drehzahlregelung .... Seite G 5

Demontage der Zentrifugalregelung .... Seite G 6

Montage der Zentrifugalregelung .... Seite G 7

Demontage der manuellen Regelung .... Seite G 8

Montage der manuellen Regelung .... Seite G 9

Einstellung der Drehzahlregelung .... Seite G 10

Demontage u. Montage der Stoppvorrichtung .. Seite G 11

	Von Motor Nr.	bis Motor Nr.	Ersatzteilliste Nr.	Baujahr
DV 10	85967		4400.1.E	1973
DV 20	92447		4600.1.C	1973

Der hintere Enddeckel des Motors besteht aus Grauguß. Die eingebaute Kraftstoffeinspritzpumpe befindet sich auf der Oberseite. Außerdem ist die Drehzahlkontrolle im hinteren Enddeckel integriert. Weiterhin ist die Einspritzregelung, in Verbindung zur Nockenwelle, im hinteren Deckel eingebaut.

<u>Demontage des hinteren Enddeckels.</u>

1) Demontieren Sie das Getriebe (Teil R).
2) Demontieren Sie die Fernbedienung für die Gasbedienung (falls vorh.).
3) Demontieren Sie die Kraftstoffleitungen vom Filter zur Pumpe und von der Pumpe zum Einspritzventil.
4) Schrauben Sie die beiden Leitungsverbindungen im hinteren Teil des Enddeckels heraus.
5) Drehen Sie die Imbusschraube (18) heraus und entfernen Sie die Distanzscheiben (17 u. 16).
6) Demontieren Sie die Schmierölpumpe auf dem hinteren Teil des Enddeckels.
7) Lösen Sie die **Bolzen** und ziehen Sie den **Deckel** ab.

Die Montage erfolgt in umgekehrter Reihenfolge. Setzen Sie die Leitungsverbindungen mit Lock-Tite ein.

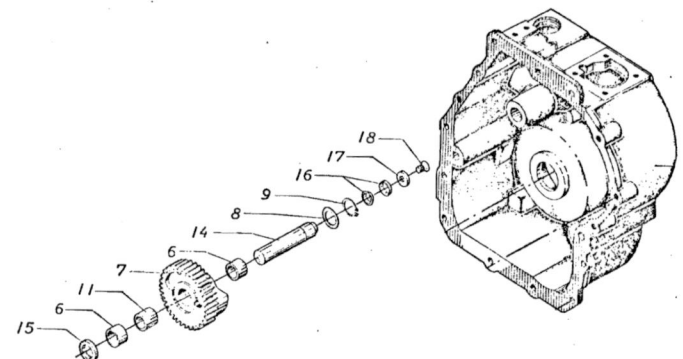

Demontage der hinteren Gegengewichte

1) Demontieren Sie den hinteren Enddeckel.
2) Demontieren Sie den Sprengring (9) von der Welle für die Gegengewichte.
3) Entfernen Sie die Scheibe (8) und eventuelle Distanzscheiben.
4) Jetzt können die Gegengewichte heruntergezogen werden.

Montage

Die Montage geschieht in umgekehrter Reihenfolge wie die Demontage, wobei genau auf die Zahnmarkierung geachtet werden muß.

1) Bei älteren Modellen muß die Markierung des Kurbelwellenzahnrades mit der Markierung auf dem Gegengewicht übereinstimmen.
2) Bei neueren Modellen muß die Zahnmarkierung mit einer Markierung und mit einer zweifachen Markierung mit einer Lücke mit einer Markierung übereinstimmt. Genauso mit einer bzw. zwei Markierungen (siehe Teil E, Seite 4).

Das Auswechseln einer Buchse im Gegengewicht sollte vermieden werden, da dieses Teil im Werk unter Berücksichtigung besonderer Paßmaße eingesetzt wird.

	Von Motor Nr.	bis Motor Nr.	Ersatzteilliste Nr.	Baujahr
DV 10	85967		4400.1.E	1973
DV 20	92447		4600.1.C	1973

Regelsystem

Die Drehzahlregelung wird auf zwei verschiedene Art und Weisen vorgenommen.

1) Der Zentrifugalregler muß immer eine konstante Drehzahl halten, auch unter verschiedenen Belastungen.
2) Der manuelle Regler ändert die Drehzahlen nach den entsprechenden Umständen.

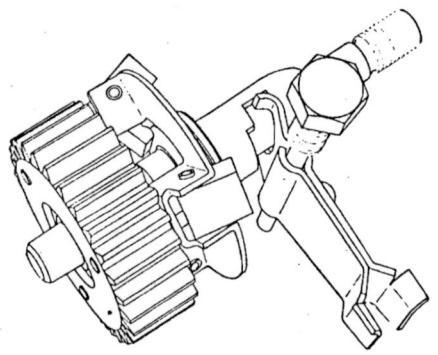

Zentrifugalregler

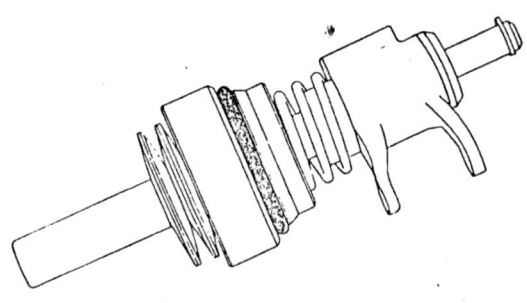

manueller Regler

Demontage des Zentrifugalreglers

1) Demontieren Sie den hinteren Enddeckel (siehe Seite G 3).
2) Entfernen Sie den Sprengring 3. Ziehen Sie das Zahnrad 6 mit dem Zentrifugalregler 7 herunter.
3) Entfernen Sie den Seeger-Ring 4 und drücken Sie das Kugellager 5 aus dem Zahnrad heraus.
4) Lösen Sie die Lagerschraube 32 und entfernen Sie die Feder 45.
5) Heben Sie den Arm 30 so, daß die Welle die Halterung freigibt. Jetzt kann der Reglerarm herausgezogen werden.
6) Demontieren Sie die Führung 11 mit dem Lager 12.
7) Entfernen Sie die Reglerwelle 2.

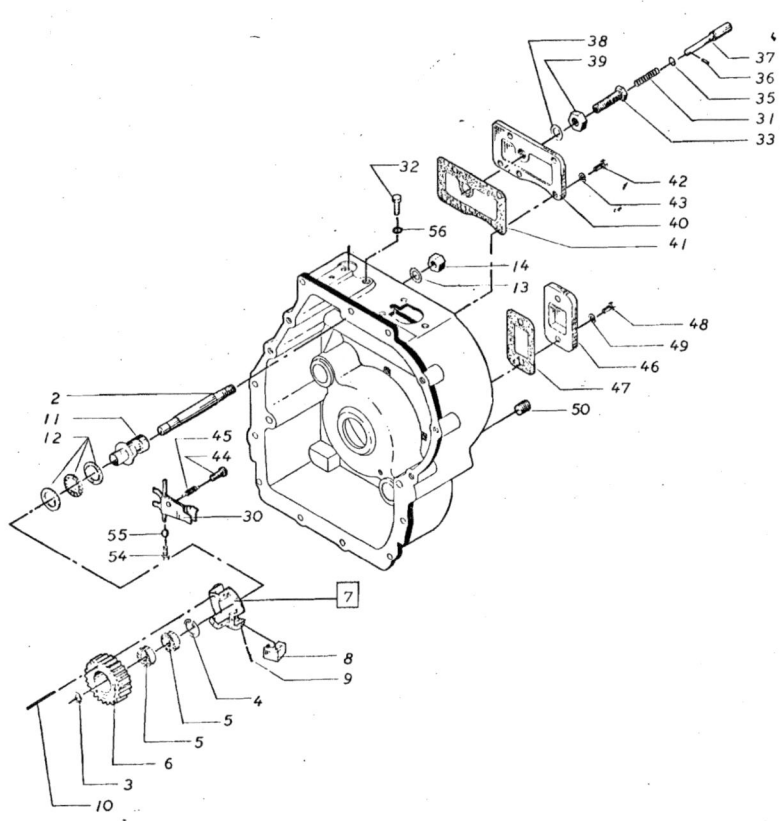

Montage des Zentrifugalreglers

1) Setzen Sie die Reglerwelle 2 in die Bohrung im hinteren Lagerdeckel und ziehen Sie die Mutter 14 mit einem Anzugsmoment von 7-7,5 kg (50,6 - 54,1 fl.lbf.) an.

2) Montieren Sie das Drucklager 12 auf die Führung 11 und setzen es zusammengebaut auf die Reglerwelle.

3) Montieren Sie den Reglerarm 30, indem Sie den oberen Teil der Welle in die Gewindebohrung im Deckel drücken, dann setzen Sie den unteren Teil in die Halterung. Die beiden Teile des Reglerarmes müssen in die Aussparung des Bolzens passen, wie auf Seite G 5 abgebildet. Montieren Sie die Feder 45 zwischen Reglerarm und Bolzen, welcher von außen in den Deckel gedrückt wird und vom Deckel 40 verdeckt wird. Drehen Sie die Schraube 32 in den Enddeckel.

4) Setzen Sie die Kugellager 5 im Zahnrad ein und sichern Sie sie mit dem Seegerring 4.

5) Montieren Sie das Zahnrad auf der Welle und setzen Sie den Sprengring ein. Der Arm des Zentrifugalblocks muß genau am Drucklager anliegen, wie auf Seite G 5 abgebildet.

6) Montieren Sie den Enddeckel.

Montage des manuellen Reglers

1) Demontieren Sie den hinteren Enddeckel (siehe Seite G 3).
2) Lösen Sie die Mutter 1 und entfernen Sie den Reglerarm 2.
3) Drehen Sie die Schrauben, die die Reglerscheibe halten, heraus und entfernen Sie die Scheibe, die Tellerfedern 4 und die Welle 5.
4) Ziehen Sie die Feder 6 heraus.
5) Ziehen Sie die Welle 7 heraus und entfernen Sie den Reglerarm und die Druckscheibe 9.
6) Drücken Sie die Nadellager 10 aus dem Arm heraus.

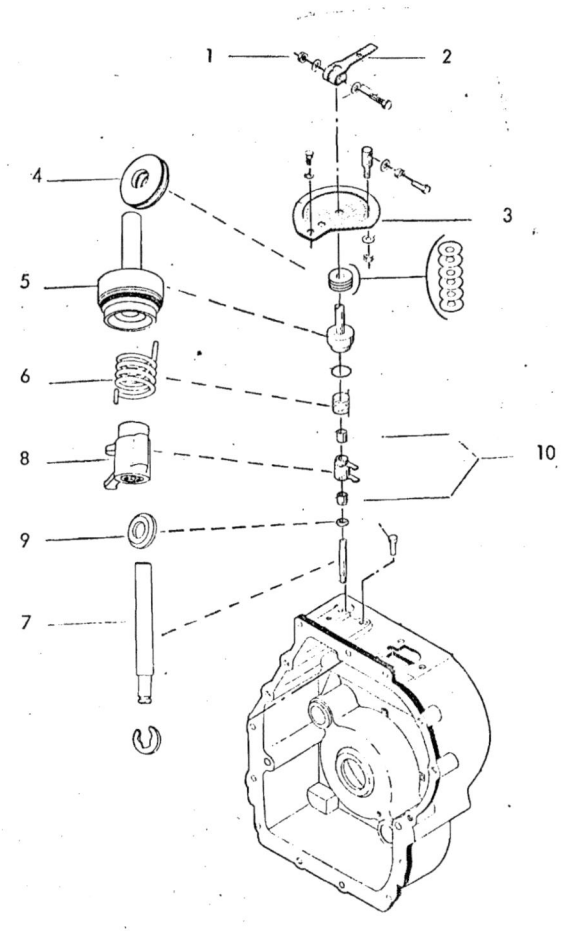

Montage des manuellen Reglers

1) Drücken Sie die beiden Nadellager in den Reglerarm, so daß sie mit den Planflächen abschließen.
2) Montieren Sie den Reglerarm und die Druckscheibe auf der Halterung, so daß die Schrägkante gegen den Reglerarm dreht. Die beiden Teile des Reglerarmes müssen auf der Oberfläche der Rohrführung des Reglerarmes liegen.
3) Montieren Sie die Welle 7 (Seite G 8) durch den Reglerarm und die Druckscheibe in die Halterung des Enddeckels.
4) Montieren Sie die Feder, so daß der gebogene Federteil in die Bohrung des Reglerarmes faßt.
   Die Feder kann in drei verschiedenen Ausführungen geliefert werden, abhängig von der max. Drehzahl, die für den Motor gewünscht wird.

   Federstärke 2,0 mm (0,0787") .... 1.500 U/min.
       "   2,2 mm (0,0860") .... 1.800 U/min.
       "   2,4 mm (0,0945") .... 2.500/3.000 U/min.

5) Montieren Sie die Welle, so daß die Feder in die Bohrung am Ende der Welle paßt.
6) Montieren Sie die Tellerfedern.
7) Setzen Sie die Reglerscheibe ein und ziehen Sie sie mit einem Anzugsmoment von 2 - 2,3 kg (14,5 - 16,6 ft.lbf.) an.
8) Montieren Sie den Reglerarm mit einem Anzugsmoment von 0,9 - 1,0 kg (6,5 - 7,23 ft.lbf.).

Einstellung des Regelsystems

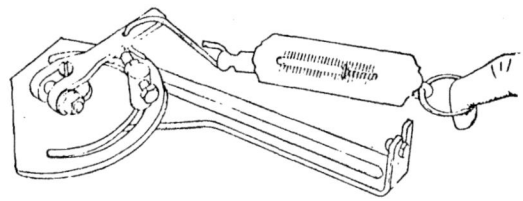

1) Stellen Sie den Druck des Reglerarmes ein, indem Sie die Anzahl der Tellerfedern unter der Reglerscheibe verändern.
Der Arm muß so schwergängig sein, daß das Gassystem die Position nicht verändert. Das heißt, daß bei Motoren, ausgerüstet mit Fernschaltung z.B. über Kabelzüge, der Druck nicht so stark zu sein braucht, wie bei Motoren mit Direktschaltung, aufgrund des Widerstandes in den Bowdenzügen.

Den Druck können Sie, wie oben gezeigt, mit einer Federwaage kontrollieren. Die Waage wird in die äußerste Bohrung des Reglerarmes eingehängt. Bei Direktschaltung muß es ca. 6 kg (13,2 lb) und bei Fernschaltung ca. 4,5 kg (9,9 lb) Druck sein.

2) Starten Sie den Motor und regeln Sie die Leerlaufdrehzahl bei 900 - 1200 U/min. ein.
Lösen Sie die Mutter auf dem Reglerarm und drehen Sie ihn in Richtung STOP, um die Leerlaufdrehzahl einzustellen.
Das Anzugsmoment beträgt 0,9 - 1,0 kg (6,5 - 7,23 ft.lbf.).

3) Drehen Sie den Regkergriff nach rechts, bis der Motor ca. 3.150 U/min. läuft.

4) Lösen Sie die Kontermutter auf der Reglerschraube und stellen Sie diese ein, gegen den Reglerarm.

Falls die Kraftstoffpumpenkapazität bei Vollast zu gering ist, muß der Stopknopf nachgestellt werden (siehe nächste Seite).

Demontage und Einstellung des Stoppknopfes

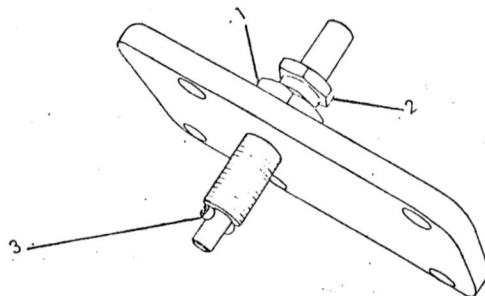

Der Stoppknopf wird vom Werk aus richtig eingestellt. Bei Reparaturen ist es nicht notwendig, eine Neueinstellung vorzunehmen. Falls der Stoppknopf auseinandergenommen werden muß, wie folgt vorgehen:

Demontage

1) Lösen Sie die Kontermutter 1.
2) Lösen Sie die Schraube 2 vom Deckel.
3) Schlagen Sie den Stift 3 heraus und demontieren Sie die Stoppwelle und die Feder.

Die Montage in umgekehrter Reihenfolge vornehmen.

Einstellung

1) Drehen Sie die Schraube 2 ca. 4-5 Gewinde von der Kontermutter heraus.
2) Starten Sie den Motor und bringen ihn auf Vollast (10 oder 20 PS bei 3.000 U/min.).
3) Lösen Sie die Kontermutter 1 und drehen Sie die Schraube 2 hinein, bis der Motor anfängt, seine Drehzahl zu verlieren. Dann drehen Sie die Schraube 1/4 Umdrehung zurück und ziehen die Kontermutter an.

Eine Stoppknopfeinrichtung gibt es beim DV 10 bis Motor Nr. 89156 und beim DV 20 bis Nr-. 93687.

Bei den nächsten Motoren wird eine elektromagnetische Stoppeinrichtung installiert (Seite P 24).

Teil H

Kraftstoffsystem

Inhalt

Kraftstoffsystem	Seite H 3
Entlüften des Kraftstoffsystems	Seite H 4
Kraftstofförderpumpe	Seite H 5
Kraftstoffilter	Seite H 6
Kraftstoffpumpe	Seite H 7
Abbauen der Kraftstoffpumpe	Seite H 9
Demontage der Kraftstoffpumpe	Seite H 9
Montage der Kraftstoffpumpe	Seite H 11
Brennstoffpumpenkapazität	Seite H 12
Einstellen der Einspritzzeit	Seite H 13
Einstellen der Einspritzzeit beim DV 10 vor Motor Nr. 85889 und beim DV 20 vor Motor Nr. 92420	Seite H 13a
Einspritzdüse	Seite H 14
Abbau und Demontage der Einspritzdüse	Seite H 15
Einstellung des Einspritzdrucks	Seite H 17
Düsentester	Seite H 18
Bedienungsanweisung für Düsentester	Seite H 19
Kraftstoffilter für DV 10 ab Motor Nr. 89156 und für DV 20 ab Motor Nr. 93637	Seite H 6a

Das Kraftstoffsystem

Als Kraftstoff verwendet man normales Dieselöl. Vom Tank wird es von der Förderpumpe 1 durch den Filter 2 zur Einspritzpumpe gefördert. Die Einspritzpumpe befördert den Kraftstoff durch die Düse zum entsprechenden Zylinder unter 150 kg/cm^2 Druck. Die Düse befindet sich auf der rechten Seite des Zylinders.

Mit Hilfe des Handgriffs an der Förderpumpe kann man Druck in die Leitungen pumpen, wenn der Motor nicht läuft (zum Entlüften des Systems).

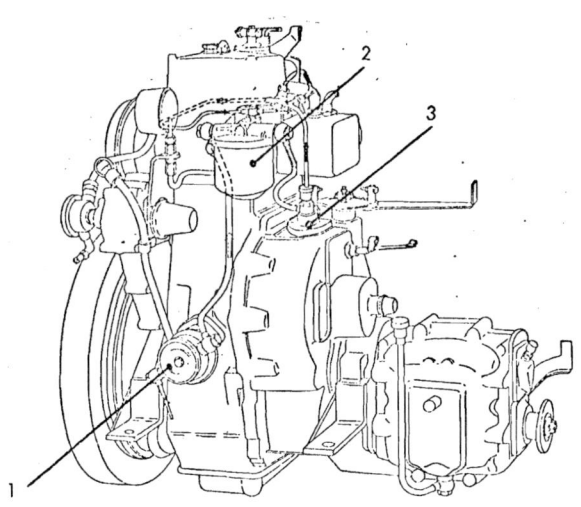

Entlüften des Kraftstoffsystems

Falls eine Reparatur am Kraftstoffsystem vorgenommen wurde oder der Motor eine lange Zeit nicht gelaufen hat oder der Tank leer gefahren wurde, ist es notwendig, das System zu entlüften. Das wird wie folgt vorgenommen:

1) Lösen Sie die Schlitzschraube 1.am Filter.
2) Pumpen Sie mit dem Handgriff an der Förderpumpe so lange, bis der Kraftstoff ohne Luftblasen am Filter austritt. Schlitzschraube festziehen.
3) Lösen Sie die Überwurfmutter an der Einspritzdüse und drehen Sie den Motor mit der Handkurbel oder mit Hilfe des Dynastarters so lange durch, bis das Dieselöl ohne Luftblasen austritt. Überwurfmutter festziehen.

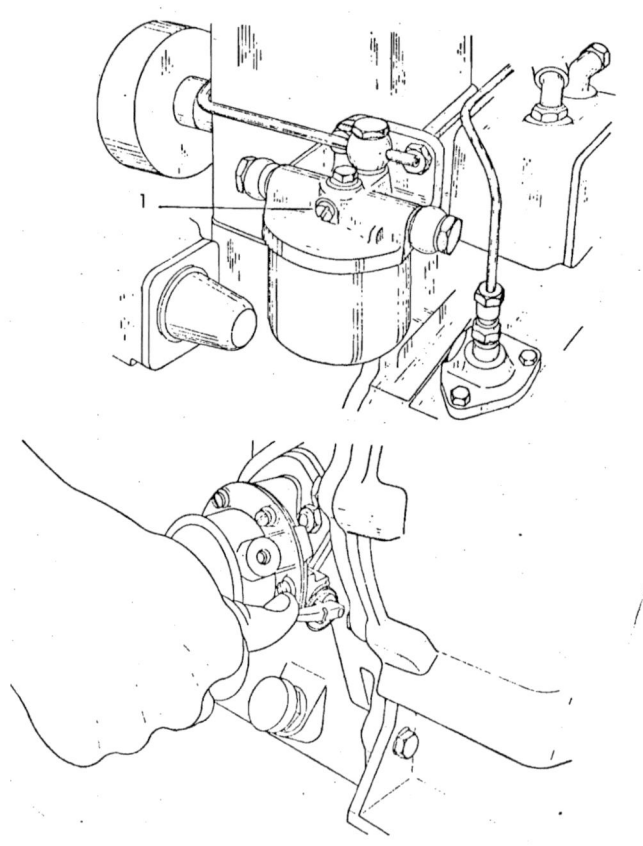

Kraftstofförderpumpe

	Von Motor Nr.	bis Motor Nr.	Ersatzteilliste Nr.	Baujahr
DV 10	85000		4400.1.E	1973
DV 20	92000		4600.1.E	1973

Die Kraftstofförderpumpe ist eine Membranpumpe von AC-Delco, Typ 791291, und wird von der Nockenwelle angetrieben oder manuell über den Handgriff (Entlüften).

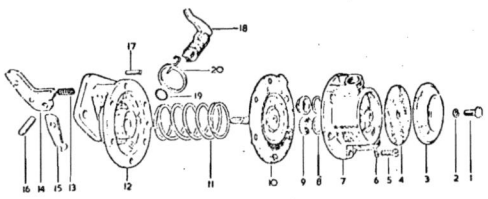

Die Pumpe kann auseinandergenommen werden, wie auf der Zeichnung gezeigt. Falls aber mehr Teile als nur das Ventil oder die Membrane ausgewechselt werden müssen, zahlt es sich aus, die ganze Pumpe auszutauschen, da sie billig zu kaufen ist.

Demontage und Montage der Kraftstofförderpumpe

1) Demontieren Sie die Ein- und Auslaßleitung der Pumpe.
2) Drehen Sie die Schraube 1 heraus.
3) Lösen Sie die Schrauben 5 und nehmen Sie das Pumpengehäuse 7 herunter.
4) Nehmen Sie das Ventil 9 heraus; vorher entfernen Sie die Körnerschläge, die das Ventil halten.
5) Entfernen Sie die Feder 20 und ziehen Sie den Stift 17 heraus. Ziehen Sie den Handpumpengriff 18 herunter.
6) Schlagen Sie den Stift 16 heraus und entfernen Sie die Hebel 14 u. 15.
7) Jetzt können Sie die Membrane 10 und die Feder 11 herausnehmen.

Die Montage geschieht in der umgekehrten Reihenfolge. Berücksichtigen Sie, daß die Ventilklappe und der Sockel (N) in Richtung der Membrane zeigen. Drehen Sie das andere Ventil herum. Sichern Sie die Ventile mit drei Körnerschlägen.

Kraftstofffilter

	Von Motor Nr.	bis Motor Nr.	Ersatzteilliste Nr.	Baujahr
DV 10	85000	89156	4400.I.E	1973
DV 20	92000	93637	4600.I.E	1973

Der Filter soll Schmutz, der eventuell im Kraftstoff ist, absondern. Es ist äußerst wichtig, daß das Dieselöl sehr sauber ist, da Schmutz in sehr kurzer Zeit die Einspritzpumpen und -düsen beschädigen kann.

<u>Demontage des Filters</u>

1) Entfernen Sie das Filtergehäuse durch den mittleren Bolzen.
2) Nehmen Sie den Filtereinsatz heraus und reinigen ihn mit Druckluft von der Auslaßseite her. Falls vorhanden, benutzen Sie ein Bosch-Reinigungsgerät, Typ EFEP 143A.
3) Der Filtereinsatz kann 4 bis 5 mal gereinigt werden, bis man ihn erneuern muß.
4) Reinigen Sie das Filtergehäuse mit Benzin. Nach der Montage entlüften Sie das System.

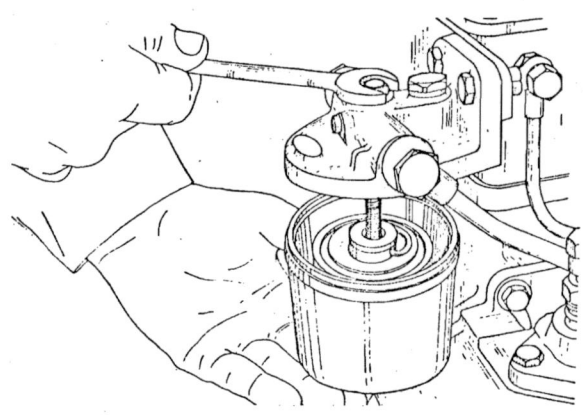

Kraftstoffilter

	Von Motor Nr.	bis Motor Nr.	Ersatzteilliste Nr.	Baujahr
DV 10	89156		021D0601	1974
DV 20	93637		021D0601	1974

Bosch-Typ FJ/DB 1 W 4/101
Einlaß von der Förderpumpe   Auslaß zur Einspritzpumpe

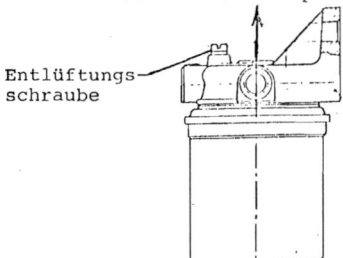

Entlüftungsschraube

Rücklaufleitung zum Tank

Von den o.a. Motor-Nr. ab wird ein Einwegfilter eingebaut. Ein neuer Filter kann unter Best. Nr. 610D0140 bestellt werden.

Wie auf der o.a. Zeichnung gezeigt, befindet sich der Auslaß vom Filter zur Einspritzdüse auf der Oberseite, wobei die Rücklaufleitung an der Seite des Filterdeckels angeschlossen wird.

Erneuern Sie den Filter alle 300 Betriebsstunden oder einmal im Jahr.

Nach dem Auswechseln muß wieder entlüftet werden.

Einspritzpumpe

	Von Motor Nr.	bis Motor Nr.	Ersatzteilliste Nr.	Baujahr
DV 10	85000		4400.I.E	1973
DV 20	92000		4600.I.C	1973

Typ: Bosch PFR 1 K 70/8 für DV 10

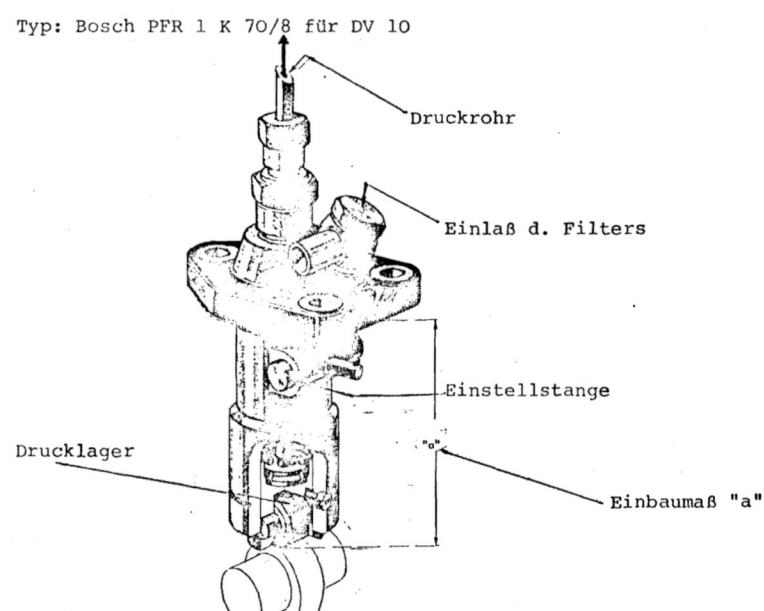

- Druckrohr
- Einlaß d. Filters
- Einstellstange
- Drucklager
- Einbaumaß "a"

Die Einspritzpumpe ist eine einfache Kolbenpumpe und wird vom Brennstoffnocken auf der Nockenwelle durch eine Rollenführung angetrieben. Eine eingebaute Feder bewirkt, daß der Pumpenkolben und die Feder konstant gegen den Brennstoffnocken gedrückt werden.

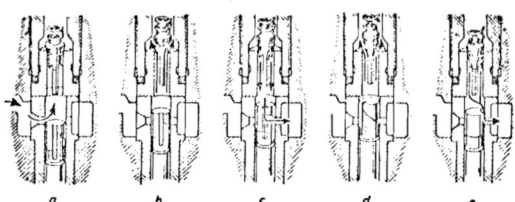

a.   b.   c.   d.   e.

Das Funktionsprinzip der Einspritzpumpe wird auf den Bildern
a-e dargestellt und ist wie folgt:

Bild a) Wenn der Pumpenkolben sich nach unten dem Boden zu
bewegt, wird die Oberkante der Einlaßbohrung geöffnet.
Der Kraftstoff gelangt in der angezeigten Richtung
in die Pumpe.

Bild b) Nachdem der Kolben bei der Aufwärtsbewegung die Oberkante
der Einlaßbohrung passiert hat, steht der Kraftstoff unter
Druck. Wenn dieser Druck mit dem Einspritzdruck (Düsendruck)
übereinstimmt, wird das Dieselöl durch die Einspritzdüse
in die Vorkammer eingespritzt.

Bild c) Das Einspritzvolumen des Kraftstoffes wird durch Drehen
des Pumpenkolbens geregelt. Wenn die Saug- und Druckseite
der Pumpe zusammenfallen, hört die Einspritzung auf.

Bild d) Hier sehen Sie die Position des Pumpenkolbens, wenn das
Volumen des eingespritzten Kraftstoffes maximal ist.

Bild e) Hier ist das Volumen gleich null.

Das Drehen des Pumpenkolbens wird durch eine Regelbuchse vorgenommen.
Diese Buchse formt am unteren Ende eine Gabel um das geringer
gedrehte Ende des Pumpenkolbens. Weiter befindet sich am oberen
Ende ein Zackenring zusammen mit einer Stange, geführt von dem Regler
des Motors.

Falls man annehmen kann, daß die Pumpe defekt ist gemäß des Teiles "Störungen beim Lauf des Motors", demontieren Sie die Einspritzpumpe und achten Sie besonders auf die nachstehend beschriebenen Einzelheiten.

Weiter sollte man prüfen, ob der Pumpenkolben und der Pumpenzylinder dicht sind. Man taucht die Pumpe vertikal in Bosch-Testöl Ol 61v1, so daß die Regelstange ganz bedeckt ist. Dann drücken Sie Luft mit etwa 1,5 - 2,0 atü in den Einlaßsockel der Pumpe.

Falls die Pumpe zwischen Kolben und Zylinder dicht ist, entstehen innerhalb von 20-25 Sekunden keine Luftblasen.

<u>Abbau der Einspritzpumpe</u>

1) Entfernen Sie die Druckleitung von der Pumpe zum Ventil und die Einlaßleitung vom Filter.
2) Lösen Sie die Schrauben vom Flansch der Pumpe.
3) Nehmen Sie die Pumpe heraus.

<u>Demontage der Einspritzpumpe</u>

1) Lösen Sie den Druckventilhalter 16 (siehe Zeichnung nächste Seite).
2) Nehmen Sie die Feder 14 und das Druckventil 13 heraus.
3) Entfernen Sie den Feder-Sicherungsring (7).
4) Drücken Sie die Rollenführung 4 in das Pumpengehäuse und entfernen Sie den Führungsstift 6, so daß er lose eingesetzt ist.
5) Dann entfernen Sie die Führungsbuchse 2, die Federführung 8, die Feder 9, den Ring 10, die Reglerbuchse 12, den Pumpenkolben 11 und die Zahnstange 29.
6) Drücken Sie den Pumpenzylinder und den Druckventilsitz aus dem Gehäuse 1 heraus. Dafür können Sie ein hartes Stück Holz oder etwas ähnliches benutzen.

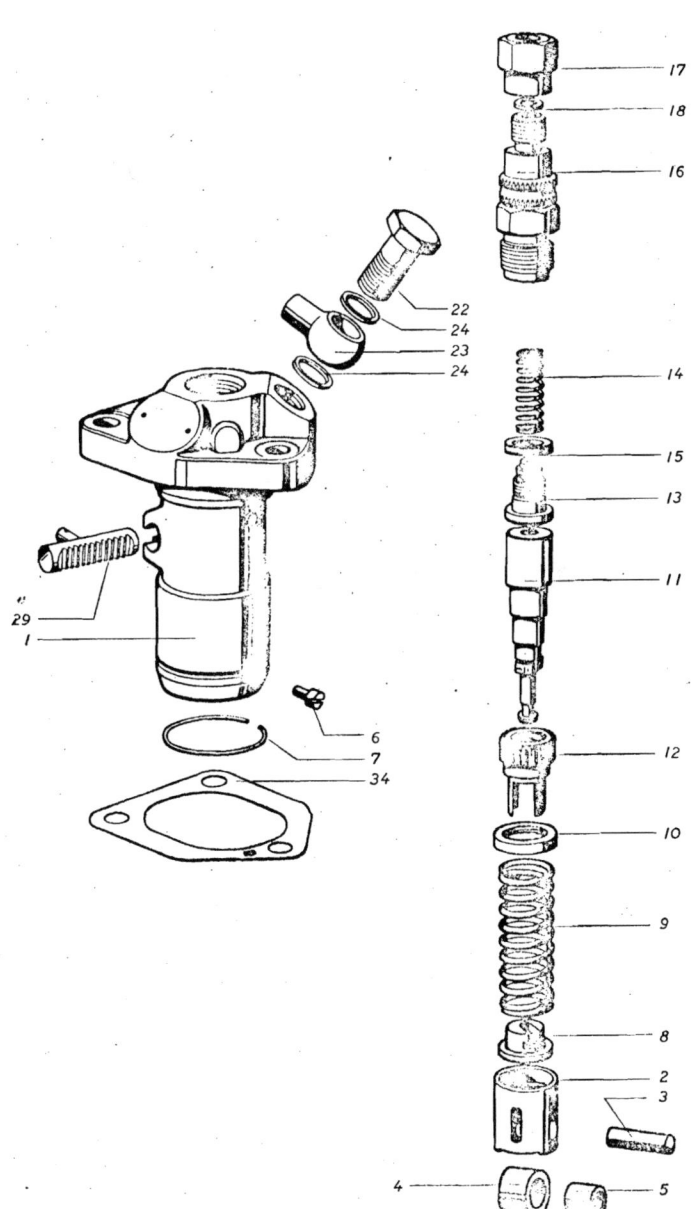

Montage der Pumpe

Bei der Montage der Pumpe müssen Sie auf peinliche Sauberkeit achten. Alle Teile müssen sorgfältig mit reinem Kraftstoff gereinigt werden.

Die Pumpe muß unter Berücksichtigung der Markierungen auf den einzelnen Pumpenteilen montiert werden.

1) Drücken Sie den Pumpenzylinder von oben in das Gehäuse. Der ausgesparte Schlitz auf der äußeren Seite des Zylinders muß in den kleinen Führungsstift passen. Dieser Stift wird von hinten in das Gehäuse getrieben.

2) Montieren Sie weiter in folgender Reihenfolge: Druckventilsitz, Packungsring, Druckventil, Ventilfeder, Druckventilhalter.

3) Setzen Sie die Reglerstange ins Gehäuse ein mit der Verzahnung zur Pumpenseite.

4) Setzen Sie die Regelhülse ins Gehäuse ein, so daß der markierte Zahn der Regelhülse in die markierte Lücke der Regelstange paßt.

5) Setzen Sie den oberen Federhalter und die Kolbenfeder im Pumpengehäuse ein.

6) Setzen Sie den unteren Federhalter auf den Pumpenkolben und setzen den Kolben im Zylinder ein, so daß der Kolbenschaft, der mit einer Linie markiert ist, in die Rille der Regelhülse paßt, die ebenfalls mit einer Linie markiert ist.

7) Setzen Sie die Führungsbuchse im Pumpengehäuse ein. Drücken Sie die Buchse ins Gehäuse und drücken Sie einen Splint durch das kleine Loch am Boden des Pumpengehäuses, so daß die Buchse gehalten wird.

8) Setzen Sie die Federsicherung ein (Klemmring).

H 12

Kapazität der Einspritzpumpe

(messen Sie mit einem Spezialinstrument ...... Bosch EFEP 255)

Eine neue Pumpe gewährleistet die wirtschaftlichste Kraftstoffmenge. Die Kraftstoffmenge kann nicht nachgestellt werden, deshalb muß die Pumpe ausgewechselt werden, falls die erforderlichen Werte nicht erreicht werden.

U/min.	Position	Kraftstoffmenge cm^3/100 Takt
1000	6	1.0 - 2.2
1000	12	5.4 - 6.8
1000	18	8.8 - 10.6
200	9	2.0 - 3.4

Einstellung der Einspritzzeit (Einspritzpunkt)

Normalerweise ist es nicht notwendig, die Einspritzzeit nach Motorreparaturen nachzustellen. Bei zu früher Einspritzung ist der Verbrennungsdruck höher und verursacht einen schwereren Lauf und höhere Belastung der Lager.

Eine zu späte Einspritzzeit verursacht ein schwierigeres Starten und eine höhere Abgastemperatur, unwirtschaftlichen Verbrauch und eine schlechtere Leistung.

Stellen Sie die Einspritzzeit wie folgt ein:

1) Entfernen Sie den Zylinderkopf oder eine Ventilfeder. Der Kolben muß in der oberen Position stehen, so daß das Ventil auf dem Kolbenboden "steht".
2) Entfernen Sie die Druckleitung von der Kraftstoffpumpe zur Kraftstoffdüse.
3) Demontieren Sie das Düsengehäuse (1) für das Druckventil und die Druckfeder. Entfernen Sie die Düse und die Feder.
4) Montieren Sie das Düsengehäuse ohne Düse und ohne Feder.
5) Montieren Sie die Micrometer auf dem Gewinde des Düsengehäuses (1).
6) Montieren Sie den Druckanzeiger.
7) Setzen Sie den Kolben auf den oberen Todpunkt im Arbeitstakt und stellen Sie den Druckanzeiger auf 0.
8) Stellen Sie die Gasregulierung auf Vollgas.
9) Drehen Sie den Kolben um 1,85 mm herunter (bei 3.000 U/min.) und aktivieren Sie die Micrometeruhr. Falls die Anzeige nach dem Ausschlagen nicht stillsteht, demontieren Sie die Einspritzpumpe und montieren Sie Distanzscheiben (bei 2).
10) Montieren Sie die Pumpe und stellen Sie die Micrometeruhr ein, wenn die Anzeige nicht stehenbleibt, legen Sie eine dickere Distanzscheibe unter (bei 2). Wiederholen Sie diesen Vorgang solange, bis die Anzeige stillsteht, denn bei diesem Zeitpunkt beginnt die Einspritzung.
11) Demontieren Sie die Micrometeruhr und den Druckanzeiger und setzen Sie das Druckventil und die Feder wieder ein.

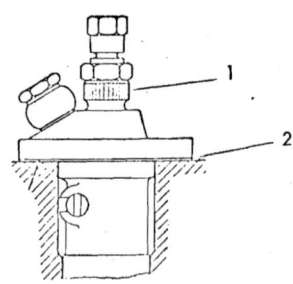

Bei DV-10-Motoren mit den Seriennummern bis 85889 und DV-20-Motoren mit den Nummern bis 92420 wird der Einspritzpunkt am Kraftstoffnocken der Nockenwelle wie folgt eingestellt:

1) Demontieren Sie den Zylinderkopf oder eine Ventilfeder. Der Kolben muß in der oberen Position stehen, so daß das Ventil auf dem Kolbenboden "steht".
2) Montieren Sie die Micrometeruhr wie auf der vorherigen Seite beschrieben.
3) Montieren Sie den Druckanzeiger.
4) Stellen Sie den Kolben auf den oberen Todpunkt im Arbeitstakt und stellen Sie den Druckanzeiger auf 0.
5) Stellen Sie die Gasregulierung auf Vollgas.

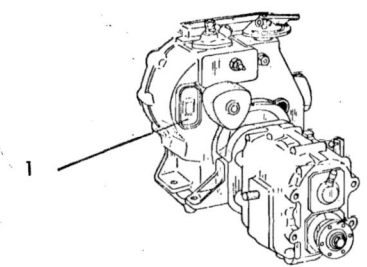

6) Drehen Sie den Kolben um 1,85 mm herunter (bei 3.000 U/min.).
7) Lösen Sie den Deckel (1) und lösen Sie die Bolzen des Kraftstoffnockens mit einem Spezialschlüssel.
8) Aktivieren Sie die Micrometeruhr und drehen Sie den Kraftstoffnocken solange, bis die Anzeige stillsteht.

H 14

Kraftstoffdüse

	Von Motor Nr.	bis Motor Nr.	Ersatzteilliste Nr.	Baujahr
DV 10	85000		4400.I.E	1973
DV 20	92000		4600.I.C	1973

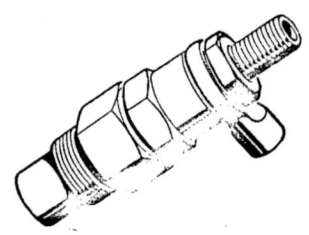

Die Kraftstoffdüse besteht aus Einspritzventil und Ventilhalter.

<u>Einspritzventil:</u> Bosch, Typ DNO SD 2110
Öffnungsdruck: 150 +/- 10 kg/cm²

<u>Ventilhalter:</u> Bosch, Typ 55 SD 20/4

Die Funktion der Kraftstoffdüse

Das Ventil wird vom Kraftstoffdruck geführt. Der Druck, der von der Einspritzpumpe hervorgerufen wird, wirkt auf die Druckfläche des Ventilkolbens und hebt die Düsennadel aus ihrem Sitz, falls der Druck von unten größer ist als der Druck von oben, hervorgerufen von der Druckfeder im Düsenhalter. Jetzt wird der Kraftstoff durch die Ventilbohrung in die Vorkammer eingespritzt.

Wie vorher erwähnt, werden bei BUKH-Motoren Bolzenventile verwendet. Die hauptsächlichen Teile eines Bolzenventils sind unten abgebildet.

Ventil   Ventilgehäuse   Ventilkolben

Paßfeder

Ventilgehäuse

Kraftstoff-
einlaß

Ventilkolben

Druckkammer

Druckknopf

Ventilwelle

Ventilsitz

Ventilhaken

Einspritzwinkel   Kraftstoffeinlaß

Wenn Sie mit Ventilen und Kraftstoffdüsen arbeiten, beachten
Sie peinlichste Sauberkeit. Alle Teile müssen mit reinem Kraftstoff sorgfältig gewaschen werden bei der Demontage.

Entfernen und Demontage der Kraftstoffdüse.

1) Demontieren Sie die Zulauf- und Rücklaufleitung von der
   Einspritzdüse.
2) Lösen Sie die Einspritzdüse vom oberen Teil der Vorkammer.
3) Lösen Sie den oberen Teil 1 des Düsenhalters (siehe nächste
   Seite).
4) Entfernen Sie vorsichtig die Distanzscheiben 6, die Ventilführung 5, die Druckfeder 3 und die Druckspindel 2.
5) Jetzt entfernen Sie das Zwischenstück 26 und die Düse 27,
   die im unteren Teil des Düsenhalters 25 steckt.

Die Montage geschieht in umgekehrter Reihenfolge.

Falls Störungen an den Einspritzdüsen auftreten, wie unter
Teil "Störungen bei Betrieb" angegeben, demontieren Sie die
Düsen unter Berücksichtigung folgender Anweisungen bei der
Reparatur.

1) Peinliche Sauberkeit gewährleisten.
2) Schleifen Sie die Düsennadel niemals in der Düse ein.
3) Wechseln Sie die Düsennadel und die Düse immer zusammen aus.
4) Düse und Nadel müssen ausgewechselt werden, wenn die Düsennadel hineingedrückt ist, einen rauhen Nadelsitz hat oder
   die Bohrung beschädigt ist.

   Erneuern Sie Düse und Nadel ebenfalls, wenn der Düsensitz
   eingedrückt ist, der Sitz stark verkokt ist oder starke
   Verbrennungen um die Düsenbohrung zu sehen sind. Prüfen
   Sie dieses mit einem Vergrößerungsglas.

   Erneuern Sie die o.a. Teile ebenfalls, wenn der Passungstest
   und die Resultate mit dem Düsentester nicht zufriedenstellend
   sind (siehe Seite H 19).

H 16

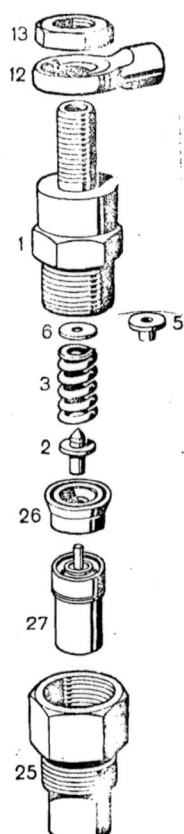

1 - oberer Teil des Düsenhalters
2 - Druckspindel mit Federführung
3 - Druckfeder
5 - Federführung
6 - Distanzscheiben für Einstellung des Druckes
12 - Kraftstoffanschluß
13 - Verschlußschraube
25 - unterer Teil des Düsenhalters
26 - Zwischenstück für die Düse
27 - Düse

Einstellung des Öffnungsdruckes

Falls der Druck der Einspritzdüse gemäß Testseite H 20 geändert werden muß, wird dieses wie folgt vorgenommen:

Entfernen Sie sorgfältig den Düsenhalter 1, Seite H 16. Die Distanzscheiben können entweder eingelegt oder entfernt werden. Eine Distanzscheibe von 0,1 mm gibt eine Variation des Druckes von ca. 10 atü.

Es gibt Distanzscheiben in den Größen 0,1 - 0,2 - 0,5 und 1,0 mm.

Der Druck muß ca. 150+/- 10kg/cm² betragen.

Düsentester

Bedienungsanleitung für Bosch-Düsentestgerät

1) Reinigung der Düsen

Bevor Sie neue Düsen gebrauchen, müssen sie vom Rostschutzöl mit reinem Kraftstoff gereinigt werden. Gebrauchte Düsen müssen mit Benzin von Schmutz und Rußrückständen gesäubert werden. Gebrauchen Sie das Reinigungswerkzeug EF 8486 B. Dann tauchen Sie den Düsenkolben in reines, gefiltertes Dieselöl und stecken ihn in die Düse.

> Düse und Düsenkolben sind aufeinander abgestimmt und dürfen nicht verwechselt werden.

2) Vorbereitender Test

A. Untersuchung des Zustandes - nur bei gebrauchten Düsen. Nach dem Reinigen untersuchen Sie die Beschaffenheit der gebrauchten Düsen.

Beachten Sie:
1. Am Düsenkolben.
   Eingedrückter oder rauher Düsensitz.
   Abgenutzter oder beschädigter Düsenzapfen.
2. Am Düsengehäuse.
   Eingedrückter oder verkokter Sitz
   (untersuchen Sie den Sitz mit einem Vergrößerungsglas)
   eine längliche Einspritzbohrung am Düsenzapfen.

B. Passungstest.

Nach der Untersuchung des Zustandes nehmen Sie bei allen Düsen den Passungstest vor. Zuerst tauchen Sie den Düsenkolben in reines Dieselöl, dann stecken Sie ihn in das Düsengehäuse. Halten Sie die Düse vertikal und ziehen Sie den Kolben ca. 1/3 heraus. Der Kolben muß dann durch sein Eigengewicht in den Sitz zurückgleiten (Bild 1).

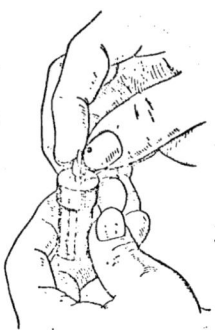

Bild 1
Passungstest

3) Test mit dem Düsentestgerät

Prüfen Sie den Düsentester

    a) Öffnungsdruck
    b) Dichtigkeit
    c) Einspritzwinkel der Düse u. Geräuschbildung

Als Testöl verwenden Sie

    Testöl bestehend aus 50% Shell Clavus Öl 17 + 50% reinem Kerosin

    oder

    reinem Gasöl.

Es ist wichtig, daß das Öl äußerst sauber ist. Normalerweise sollten Sie die Einspritzdüsen zusammen mit den Düsenhaltern testen.

Wenn Sie die Düse in den Halter einschrauben, achten Sie darauf, daß die Dichtflächen sauber und unbeschädigt sind. Zuerst drücken Sie die Düse gegen die Dichtfläche des Halters. Dann drehen Sie die Mutter zuerst mit der Hand, dann mit einem Schlüssel fest. Bei Haltern mit Passungsstiften muß die Feder zuerst ganz im Halter gelöst werden.

Das Anzugsmoment der Mutter, mit einem Torsionsmeßgerät gemessen, beträgt 6-8 kgm.

Dann verbinden Sie den Düsenhalter über die Druckleitung mit dem Testgerät. Mit ausgeschaltetem Meßgerät betätigen Sie zuerst einige Male die Pumpe - ca. 6-8 Bewegungen per Sek. nach unten, um zu prüfen, ob die Einspritzdüse zu stark angezogen ist. Wenn der Düsenkolben sich normal bewegt, muß ein lauter, pfeifender Ton entstehen.

A. Öffnungsdruck

Der Druck wird für die einzelnen Motoren in der Bedienungsanleitung angegeben und muß nach diesen Spezifikationen eingestellt werden. In einigen Fällen ist der Druckhinweis im Düsenhalter eingeschlagen.

Mit ausgeschaltetem Drucktester drücken Sie den Pumpenarm langsam herunter, bis die Düse unter leichtem Geräusch einspritzt. Lesen Sie den Druck auf dem Gerät ab.

Beachten Sie: Wenn der Drucktester ausgeschaltet ist, darf der Druck sich nur langsam aufbauen. Darüber hinaus darf der Druck auch nur langsam wieder abgebaut werden, da sonst das Gerät Schaden erleidet.

B. Testen der Dichte

Betätigen Sie den Pumpenarm, bis das Gerät 20 atü unter dem spezifizierten Druck anzeigt.

Die Kraftstoffdüse ist dicht, wenn die Düsenöffnung nicht tropft.

C. Geräusch-und Einspritzwinkeltest

Bevor diese Tests durchgeführt werden, muß das Gerät immer ausgeschaltet sein.

Düsentyp	Geräuschtest	Einspritzwinkel
	1. Kraftstoffdüsen	
	a. ohne Gaseinstellung	
DN R DN S DN T	Diese Düsen machen ohne Einschränkung bei allen Drehzahlen Geräusche. Die geringste Testdrehzahl wird erreicht bei einem Druck per Sek. mit dem Pumpenarm nach unten. Es ist ohne Bedeutung, falls einige Bereiche ohne Geräusche bleiben.	Unabhängig von der Testdrehzahl, jedoch immer über der niedrigsten Geschwindigkeit, muß die Düse eine regelmäßige, atomisierte Einspritzung gewährleisten (beobachten Sie den Einspritwinkel).
	b. mit Gaseinstellung	
DN RD DN SD DN TD	Aufgrund einer besonderen Konstruktion dieser Düsen ist das Geräusch sehr gering. Ein Geräuschtest ist daher nur bei 1-2 Bewegungen per Sek. des Pumpenarmes nach unten möglich. Wenn die Testgeschwindigkeit erhöht wird, hört jedes Geräusch auf. Das Testöl wird dann mit einem zischenden Ton aus der Düse gedrückt. Die Düse macht nur bei 4-6 Bewegungen per Sek. Geräusche.	Bis ein lauter, pfeifender Ton erreicht wird, muß die Einspritzung unregelmäßig und schlecht atomisiert sein. Eine geteilte Einspritzung in Strichformation ist hier ohne Bedeutung (Geräusch in der Gaseinstellung). Eine Festsetzung der Einspritzformation ist nicht möglich, bis nicht der Arm 4-6 mal pro Sek. nach unten bewegt wird. Die Einspritzung muß dann gut dosiert (voll) und genau abgestimmt sein. (Geräusch bei vollem Volumen des Düsenkolbens).

W A R N U N G
=============

Halten Sie Ihre Hände vom Einspritzdruck fern!

Ein Kraftstoffeinspritzdruckstrahl kann tief in den Finger oder die Hand eindringen und die Haut verletzen. Falls Dieselöl ins Blut gelangt, kann es eine Blutvergiftung zur Folge haben.

Instandhaltung

Bei den Tests ist größte Sauberkeit zu berücksichtigen. Halten Sie den Arbeitsplatz frei von Schmutz und Spänen. Erneuern Sie das Testöl wenn es schmutzig ist. Zur selben Zeit waschen Sie den Filtereinsatz in reinem Kraftstoff aus oder erneuern Sie ihn. Bevor Sie den Düsentester neu auffüllen, entfernen Sie ihn, indem Sie den Pumpenarm bewegen. Während dieses Entleerens spritzen Sie ins Freie, ohne die Düse montiert zu haben.

Einmal im Monat muß das Druckgerät mit einem Prüfgerät verglichen und, falls notwendig, eine Korrekturtabelle ausgearbeitet werden.

Teil K

Kolben, Pleuel und Zylinderlaufbuchsen

Inhalt

Demontage von Kolben und Pleueln .... Seite K 3
Montage von Kolben und Pleueln .... Seite K 4
Auswechseln der Kolbenringe .... Seite K 5
Auswechseln der Kolben .... Seite K 6
Zylinderlaufbuchse .... Seite K 7
Messen des Zylinderverschleißes .... Seite K 7
Demontage u. Montage der Zylinderlaufbuchsen Seite K 7

K 3

Kolben und Pleuel

	Von Motor Nr.	bis Motor Nr.	Ersatzteilliste Nr.	Baujahr
DV 10	85000	87601	4400.1.E	1973
DV 20	92000	92996	4600.1.C	1973

Demontage der Kolben und Pleuel

1) Lassen Sie das Kühlwasser und das Schmieröl vom Motor ab.
2) Demontieren Sie den Zylinderkopf (siehe Teil C Seite 6).
3) Entfernen Sie mit einem Schaber eventuelle Ablagerungen oder Verschleißerscheinungen, die sich am oberen Rand der Zylinderlaufbuchse abgesetzt haben.
4) Stellen Sie den Motor auf den Kopf.
5) Demontieren Sie die Ölwanne.
6) Drehen Sie die Pleuelbolzen heraus und entfernen Sie die Haltewange.
7) Versehen Sie die Pleuelbolzen mit einem Schutz (Plastikschlauch o.ä.), um eine Beschädigung der Kurbelwelle zu vermeiden.
8) Drehen Sie den Kolben in die höchste Position und drücken Sie den Kolben und das Pleuel aus der Zylinderlaufbuchse heraus. Die Kurbelwelle muß genau in der höchsten Stellung stehen.

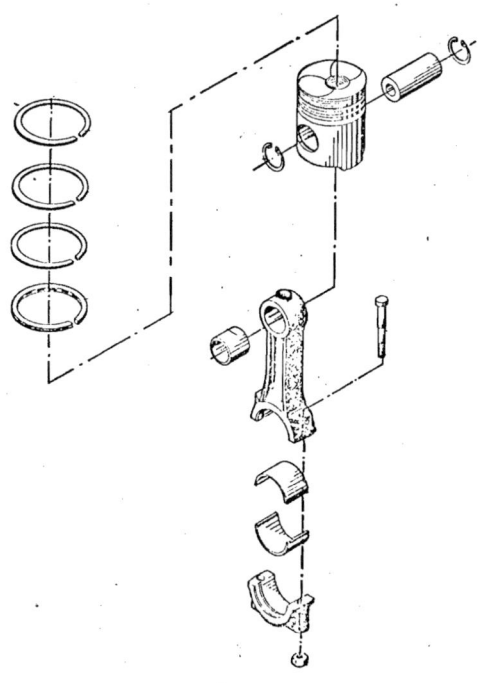

K 3a

	Von Motor Nr.	bis Motor Nr.	Ersatzteilliste Nr.	Baujahr
DV 10	87602		4400.1.E	1973
DV 20	92997		4600.1.C	1973

Bei zukünftigen Motoren wird die Führung zwischen Pleuel und Pleuelwange geändert. Der Pleuelbolzen entfällt und dafür werden auf der Oberfläche zwei Führungskugeln installiert. Der Pleuelbolzen wird durch eine normale Zylinderschraube ersetzt.

Bei der Demontage der neueren Konstruktion müssen Sie also besonders auf die Führungskugeln achten.

Bei der Montage müssen Sie also zunächst das Pleuel und die Pleuelwange lose anziehen. Dann schlagen Sie leicht einige Male auf die Wange, um sicher zu sein, daß die Führungskugeln genau passen. Jetzt ziehen Sie die Pleuelbolzen (Zylinderschrauben) mit einem Anzugsmoment von 5 kg (36,2 ft.lbf.) an.

Montage der Kolben und Pleuel

1) Ziehen Sie einen Montagering über die Zylinderlaufbuchse.
2) Drehen Sie die Kurbelwelle in die obere Position.
3) Setzen Sie die Schutzhüllen auf die Pleuelbolzen.
4) Setzen Sie den Kolben mit dem Pleuel mit einem Spannband in die Zylinderlaufbuchse. Beachten Sie, daß die Kolbenringe genau sitzen. Weiter müssen Sie darauf achten, daß die angedrehte Phase im Kolben in Richtung Kraftstoffeinspritzdüse zeigt.
5) Drehen Sie den Motor herum (auf den Kopf).
6) Entfernen Sie die Schutzhüllen.
7) Montieren Sie das Pleuel und die Wange.
8) Ziehen Sie die Pleuelbolzen mit einem Anzugsmoment von 5 kg/36,2 ft.lbf. an. Für die Pleuelbolzen müssen Sie selbstsichernde Muttern verwenden. Bei jeder Motorendemontage müssen diese Muttern erneuert werden.

Achtung:

Die Nummern auf dem Pleuel müssen genauso eingesetzt werden, wie vor der Demontage.
Die Nummern auf dem Pleuel und der Wange müssen übereinstimmen.

Pleuellager

Die Pleuellager bestehen aus zwei Lagerschalen, auf die eine dünne Spezialschicht aufgespritzt ist. Die Pleuellager müssen ausgewechselt werden, wenn sie angekratzt sind oder wenn die rote Schicht zwischen Lager und aufgespritzter Spezialschicht nicht zu sehen ist.

Die Pleuellager können in folgenden Untergrößen geliefert werden:

0,3 mm (0,01181 inch) und 0,6 mm (0,02362 inch) - siehe Teil L - Seite 3.

Auswechseln der Kolbenringe

Bei einem neuen Motor beträgt der Kolbenringabstand 0,3 - 0,45 mm (0,0118 - 0,0177").

Den Verschleiß der Ringe kann man durch Messen des Abstandes feststellen. Die Ringe müssen ausgewechselt werden, wenn der Abstand max. 2,0 mm (0,0787") beträgt.

Durchführung wie folgt:

1) Demontieren Sie den Kolben und das Pleuel (siehe Seite K 3).

2) Entfernen Sie die Kolbenringe entweder mit einer Spezialzange oder mit zwei Stücken Seil. Die geschlossenen Enden des Seils werden an den Enden des Ringes befestigt, dann kann man den Ring auseinanderziehen und anschließend vom Kolben herunterziehen.

Die Montage geschieht in umgekehrter Reihenfolge, nachdem die Rillen am Kolben gereinigt wurden (z.B. mit Hilfe einer Drahtbürste).

Jeder Kolben hat vier Kolbenringe: 3 Kompressionsringe und 1 Abstreifring. Die beiden oberen Kompressionsringe sind gleich, wie A, der dritte Ring ist wie B, der Abstreifring ist wie C (siehe unten).

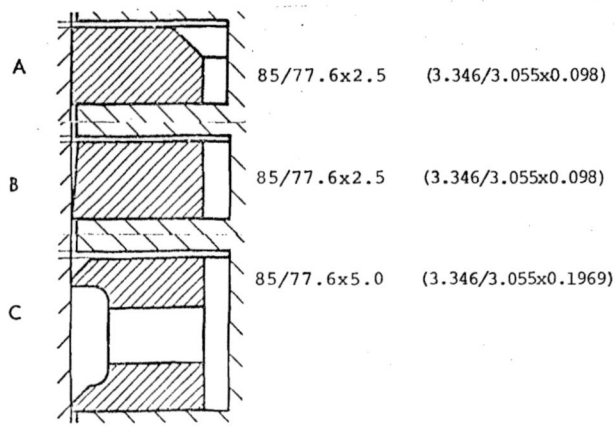

A   85/77.6x2.5   (3.346/3.055x0.098)

B   85/77.6x2.5   (3.346/3.055x0.098)

C   85/77.6x5.0   (3.346/3.055x0.1969)

Auswechseln der Kolben

Wenn der Kolben defekt ist, muß er ausgewechselt werden.
Das geschieht wie folgt:

1) Demontieren Sie den Kolben und das Pleuel (siehe Seite K 3).
2) Nehmen Sie die Sprengringe, die den Kolbenbolzen halten, heraus.
3) Schlagen Sie den Kolbenbolzen mit einem Dorn heraus.
4) Drehen Sie den einen Kolben herum. Gießen Sie etwas Benzin in den Kolben und brennen Sie das Benzin ab. Das Aufheizen des Kolbens kann man auch auf einer Heizplatte vornehmen.
5) Löschen Sie das brennende Benzin, wenn der Kolben ca. 100°C erreicht hat. Setzen Sie das Pleuel im Kolben ein, bevor Sie den eingeölten Kolbenbolzen hineindrücken.

   Falls es möglich ist, kühlen Sie den Kolbenbolzen zuerst ab, z.B. in einem Tiefkühlfach.
6) Dann sichern Sie den Kolbenbolzen mit den Sprengringen.

Beachten Sie unbedingt, daß der Kolben wieder so eingesetzt wird wie vorher, unter Berücksichtigung der eingeschlagenen Nummern auf den Pleueln.

Das Auswechseln des Kolbenbolzenlagers sollte vermieden werden, da es werksseitig unter besonderen Bedingungen eingesetzt wird.

	Von Motor Nr.	bis Motor Nr.	Ersatzteilliste Nr.	Baujahr
DV 10	85000		4400.1.E	1973
DV 20	92000		4600.1.C	1973

Zylinderlaufbuchse

Die Bohrung der Zylinderlaufbuchse beträgt 85.000 - 85.020 mm (3.3464 - 3.3472 inch). Wechseln Sie die Buchse aus, wenn der Verschleiß max. 0.3 mm (0.012") beträgt.

Messen des Zylinderverschleisses

Setzen Sie einen neuen Kolbenring im oberen Teil der Laufbuchse ein, im oberen Teil ist kein Verschleiß möglich. Messen Sie den Ringabstand mit einer Lehre. Der Abstand wird ca. 0.3 mm (0.012") betragen. Drücken Sie den Ring in der Buchse weiter nach unten, wo ein Verschleiß möglich ist. Der Ringabstand kann jetzt z.B. 0.9 mm (0.0354") betragen.

Der Verschleiß beträgt jetzt ca. (0.9-0.3):3=0.2 mm. Das heißt, das obere Maß abzüglich dem unteren Maß geteilt durch drei.

Die Buchse kann auch mit Hilfe einer Meßuhr durchgemessen werden.

Demontage der Zylinderlaufbuchse

1) Demontieren Sie den Zylinderkopf (siehe Teil C Seite 6).
2) Nehmen Sie die Kolben heraus (siehe Seite K 3).
3) Decken Sie die Pleuelwangen mit Ölpapier oder Plastik ab.
4) Ziehen Sie die Buchse mit einem Spezialwerkzeug heraus oder drehen Sie den Motor herum und schlagen Sie dann die Buchse mit einem Holzstück als Unterlage von unten heraus.

Montage der Zylinderlaufbuchse

Am oberen Ende der Buchse befindet sich zwischen Buchse und Motorblock keine Dichtung. Daher müssen die Auflageflächen absolut sauber sein und es dürfen auch keine rauhen Stellen vorhanden sein. Falls nötig, bearbeiten Sie die Flächen mit Schleifpaste.

Die Gummidichtringe am unteren Ende der Buchse müssen bei jeder Demontage erneuert werden und bei der Montage dürfen sie nicht verdreht sein.

Die Dichtringe am oberen Ende und der Auflageflansch können mit einer dünnen Schicht Klebepaste bestrichen werden.

Wenn die o.a. Voraussetzungen erfüllt sind, kann die Buchse mit Hilfe eines Holzblocks hineingeschlagen werden.

Nach der Montage müssen Sie das Paßmaß der Buchse über dem Motorblock prüfen. Das Maß muß 0.10 - 0.20 mm (0.0039 - 0.0079") betragen.

Teil L

Kurbelwelle, Zwischenlager und
hinteres Hauptlager

Inhalt

Reparaturmaße der Kurbelwelle .... Seite L 3

Demontage der Kurbelwelle .... Seite L 4

Auswechseln des hinteren Hauptlagers und
des Zwischenlagers .... Seite L 5

	Von Motor Nr.	bis Motor Nr.	Ersatzteilliste Nr.	Baujahr
DV 10	85000		4400.1.E	1973
DV 20	92000		4600.1.C	1973

Die Kurbelwelle ist hergestellt aus gesenkgeschmiedetem Stahl. Daher kann die Welle geschliffen werden, ohne besondere Oberflächenhärtung.

Die Kurbelwelle darf niemals unter Verwendung von hart verchromtem Stahl oder Metallzusätzen repariert werden. Sie darf nur geschliffen werden unter Berücksichtigung der unten aufgeführten Maße und Toleranzen. Lager in Untergrößenmaßen können geliefert werden.

Die Kurbelwelle muß nachgeschliffen werden, wenn sie unrund ist und der kleinste Durchmesser 0.05 mm (0.002") unter dem Durchmesser ist, den die Welle beim Verlassen des Werkes hatte.

Das Endspiel der Kurbelwelle muß sein:

DV 10   0.18 - 0.43 mm (0.0071 - 0.0169 inch)
DV 20   0.25 - 0.40 mm (0.0098 - 0.0157 inch)

Vorderer Hauptlagerzapfen (Schwungscheibenseite)

Standard .... 64.987 - 65.000 mm (2.5585 - 2.5591")
0.3 mm Untergröße .... 64.687 - 64.700 mm (2.5467 - 2.5472")
0.6 mm Untergröße .... 64.387 - 64.400 mm (2.5349 - 2.5354")
Spiel zwischen Lager und
Zapfen .... 0.032 - 0.089 mm (0.0013 - 0.0035")

Hinterer Hauptlagerzapfen

Standard .... 55.987 - 56.000 mm (2.2042 - 2.2047")
0.3 mm Untergröße .... 55.687 - 55.700 mm (2.1924 - 2.1929")
0.6 mm Untergröße .... 55.387 - 55.400 mm (2.1806 - 2.1811")
Spiel zwischen Lager und
Zapfen .... 0.029 - 0.086 mm (0.0011 - 0.0034")

Zwischenlagerzapfen (DV 20)

Standard .... 55.987 - 56.000 mm (2.2042 - 2.2047")
0.3 mm Untergröße .... 55.687 - 55.700 mm (2.1924 - 2.1929")
0.6 mm Untergröße .... 55.387 - 55.400 mm (2.1806 - 2.1811")

Pleuellagerzapfen

Standard	53.987 - 54.000 mm	(2.1255-2.1260")
0.3 mm Untergröße	53.687 - 53.700 mm	(2.1137-2.1142")
0.6 mm Untergröße	53.387 - 53.400 mm	(2.1019-2.1024")
Spiel zwischen Lager und Zapfen	0.028 - 0.068 mm	(0.0011-0.0027")

Demontage der Kurbelwelle

1) Entfernen Sie die Schwungscheibe (siehe Teil D Seite 5).
2) Entfernen Sie das Getriebe (siehe Teil R Seite 3).
3) Entfernen Sie den Zylinderkopf (siehe Teil C Seite 6).
4) Entfernen Sie die Kolben und die Pleuel (siehe Teil K Seite 3).
5) Demontieren Sie die Wasserpumpe (Teil O Seite 3).
6) Demontieren Sie die Schmierölpumpe (Teil N Seite 4).
7) Demontieren Sie die nach oben verlegte Handstartvorrichtung (siehe Teil F Seite 4).
8) Demontieren Sie den vorderen Enddeckel mit den Gegengewichten (Teil E Seite 4).
9) Demontieren Sie den hinteren Enddeckel mit den Gegengewichten (Teil G Seite 3).
10) Demontieren Sie die Nockenwelle (Teil M Seite 3).
11) Nur für DV 20:
    Die Nockenwelle ist mit einem Zwischenlager ausgerüstet. Bei älteren Motorentypen wird dieses Lager gelöst, indem man den Expansionsbolzen für das Lager ca. 10 mm (0,393") herausdreht, dann treibt man den Expander heraus, indem man auf den Bolzen schlägt. Jetzt können Sie den Bolzen herausdrehen. Bei neueren Motorentypen wird das Zwischenlager gelöst, indem man die Bolzen herausdreht, die das Zwischenlager zur Kurbelwelle halten (siehe Zeichnung nächste Seite).
12) Nachdem Sie die Sicherungsbleche gelöst haben, drehen Sie die Verschlußschrauben 13 und 15 herunter.
13) Ziehen Sie die Zahnräder 10 und 11 von der Kurbelwelle herunter.
14) Dann heben Sie die Kurbelwelle mit den Zwischenlagern heraus.

Die Montage der Kurbelwelle geschieht in umgekehrter Reihenfolge, und falls der Motor mit einem Expansionsbolzen mit Paßfeder ausgerüstet ist, muß der Bolzen mit einem Anzugsmoment von 2.4 kg/17.35 ft.lbf. angezogen werden. Falls das Zwischenlager mit Schrauben am Kurbelgehäuse befestigt ist, müssen diese mit einem Anzugsmoment von 2,5 kg/18,08 ft.lbf. angezogen werden.

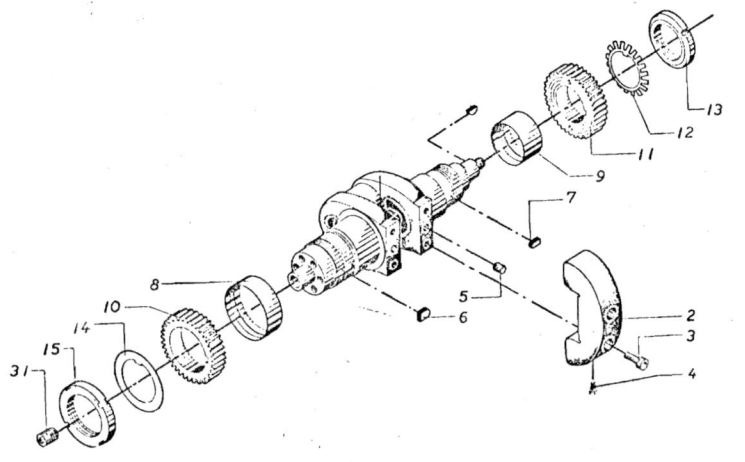

Hintere Hauptlagerbuchse und Zwischenlager

	Von Motor Nr.	bis Motor Nr.	Ersatzteilliste Nr.	Baujahr
DV 10	85000		4400.I.E	1973
DV 20	92000		4600.1.C	1973

Nachdem die Kurbelwelle unter Beachtung der aufgeführten Hinweise herausgenommen ist, können sowohl die hintere als auch die vordere Hauptlagerbuchse gewechselt werden (siehe Teil E Seite 6).

Jetzt können Sie das Zwischenlager auswechseln, es besteht aus zwei dünnen Lagerschalen mit einer dünnen Metallbeschichtung.

Ein Ausschaben der Lager darf unter keinen Umständen vorgenommen werden.

Wechseln Sie das Lager aus, wenn es stark angekratzt ist oder wenn die rote Beschichtung zwischen Lager und Auflage sichtbar wird.

Auswechseln des Zwischenlagers

Lösen Sie die beiden Schrauben und nehmen Sie die Lagerschalen heraus. Die Lagerschalen sind um zwei Führungskugeln herum montiert.

Bei der Montage müssen Sie darauf achten, daß der obere Teil die vorgesehene Ölrille hat.

Bei der Montage müssen Sie das Lager zunächst leicht anziehen, dann schlagen Sie leicht mit einem Plastikhammer auf das Lager, um die Führungskugeln genau zu justieren.

Dann ziehen Sie das Lager gleichmäßig mit einem Anzugsmoment von 6,2 kg (44,8 ft.lbf.) an, falls das Lager einen Expansionsbolzen hat, siehe Typ A.

Falls das Lager Schrauben hat, z.B. Typ B, muß es mit einem Anzugsmoment von 5,2 - 5,8 kg (37,6 - 41,9 ft.lbf.) angezogen werden.

Wenn Sie die Kurbelwelle mit dem Zwischenlager in das Kurbelgehäuse einpassen, müssen Sie darauf achten, daß die Ölrille im Lager mit der Ölrille im Kurbelgehäuse übereinstimmt.

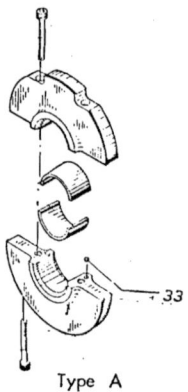

Type A

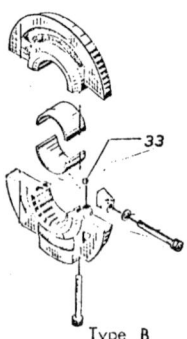

Type B

Teil M

Nockenwelle, komplett

Inhalt

Demontage der Nockenwelle .... Seite M 3

Montage der Nockenwelle .... Seite M 3

Auswechseln der Lagerbuchsen .... Seite M 4

Prüfen der Nockenwelle .... Seite M 5

Ventil-Diagramm .... Seite M 5

Einspritzregler .... Seite M 5

Demontage des Einspritzreglers .... Seite M 6

Montage des Einspritzreglers .... Seite M 6

Prüfen des Einspritzreglers .... Seite M 7

Von Motor Nr.	bis Motor Nr.	Ersatzteilliste Nr.	Baujahr
DV 10	85967		4400.1.E	1973
DV 20	92447		4600.1.C	1973

Nockenwelle

Die Nocken sind auf die Welle aufgepreßt und sind aus gehärtetem Stahl hergestellt. Die Nocken sind bestimmt für die Ein- und Auslaßventile und für die Kraftstoffpumpe.

Die Nockenwelle wird über ein Zahnrad von der Kurbelwelle angetrieben.

Die richtige Stellung der Nockenwelle zur Kurbelwelle ist durch Markierungen auf dem Zahnrad gekennzeichnet. Diese Markierung muß immer eingehalten werden.

Das axiale Spiel der Nockenwelle muß zwischen 0,2 - 0,5 mm (0,008 - 0,020") liegen, beim DV 10 und beim DV 20.

Demontage der Nockenwelle

1) Entfernen Sie die Kraftstoffpumpe (Teil H Seite 9)
2) Entfernen Sie die Kraftstofförderpumpe
3) Entfernen Sie den Zylinderdeckel
4) Entfernen Sie die Stößelstangen
5) Entfernen Sie die Wasserpumpe (Teil O Seite 3)
6) Entfernen Sie die Schmierölpumpe (Teil N Seite 4)
7) Entfernen Sie die nach oben verlegte Handstartvorrichtung (Teil F Seite 4 u. 5) und den Sprengring am Ende der Nockenwelle.
8) Entfernen Sie den Sprengring hinter dem Kettenrad für die Handstartvorrichtung.
9) Demontieren Sie das Getriebe und die Kupplung (Teil R Seite 3).
10) Demontieren Sie den hinteren Enddeckel mit den Gegengewichten (Teil G Seite 3).
11) Jetzt kann die Nockenwelle aus dem Kurbelgehäuse herausgenommen werden.

Die Montage geschieht in umgekehrter Reihenfolge wie die Demontage, unter Berücksichtigung der Markierungen auf den Zahnrädern der Kurbel- und Nockenwelle.

Falls bei der Demontage eine Stößelstange heruntergefallen ist in das Kurbelgehäuse, müssen Sie die Ölwanne abnehmen, die Stößelstange muß durch das untere Loch wieder geschmiert werden, bevor sie neu eingesetzt wird.

Die Montage kann erleichtert werden durch die Verwendung eines Magneten mit biegsamer Verlängerung.

M 4

Auswechseln der vorderen Lagerbuchse für die Nockenwelle

1) Demontieren Sie die Nockenwelle (Seite M 3).
2) Demontieren Sie den vorderen Enddeckel (Teil E Seite 6).
3) Die Lagerbuchse kann jetzt mit Hilfe eines passenden Dorns herausgeschlagen werden.

Die Montage geschieht in umgekehrter Reihenfolge. Die Lagerbuchse muß mit einem Spezialdorn (unten abgebildet) in das Kurbelgehäuse getrieben werden.

Die Lagerbuchse hat bei neuen Motoren einen Außendurchmesser von 42.000 - 42.024 mm (1.654 - 1.6545") und einen Innendurchmesser von 20.040 - 20.053 mm (0.78890 - 0.7895")

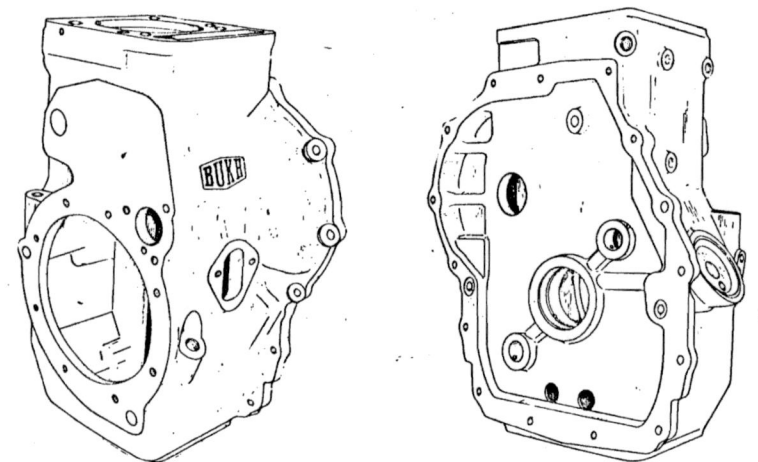

Einsetzen der Lagerbuchse im Kurbelgehäuse

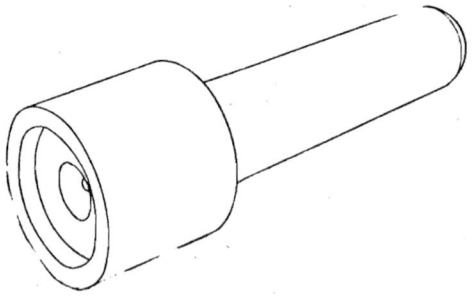

Montagedorn

Prüfen der Nockenwelle

1) Entfernen Sie den Zylinderdeckel.
2) Demontieren Sie den Kipphebel des Einlaßventils.
3) Entfernen Sie die Einlaßventilfeder.
4) Lassen Sie das Ventil vorsichtig heruntergleiten, bis es den Kolbenboden berührt.
5) Drehen Sie den Motor langsam durch, bis das Ventil auf der höchsten Position steht.
6) Setzen Sie ein Micrometer auf dem Zylinderkopf auf, mit dem Fühler auf dem Ventilschaft.
7) Mit Hilfe der Micrometeruhr müssen Sie ganz genau den höchsten Punkt des Ventils feststellen und bringen Sie dann die Anzeige der Uhr auf O-Stellung.
8) Markieren Sie jetzt die Schwungscheibe mit einem Stift im rechten Winkel, ebenso das Kurbelgehäuse. Diese beiden Markierungen müssen genau übereinstimmen.
9) Drehen Sie die Schwungscheibe solange, bis das Ventil um 10 mm (0,004") nach unten gewandert ist und markieren Sie jetzt wiederum die Schwungscheibe im rechten Winkel.
10) Wiederholen Sie diesen Vorgang auf der anderen Seite des höchsten Todpunktes. Der höchste Punkt des Kolbens befindet sich jetzt genau in der Mitte der beiden Markierungen.
11) Bringen Sie den Ventilabstand des Auslaßventils auf 0 mm (0") und bringen Sie die Micrometeruhr auf dem Kipphebel des Ventils an.
12) Prüfen Sie die Auslaßzeiten nach den unten angeführten Ventilzeiten und nach dem Diagramm.

Es ist nur notwendig, die Auslaßzeiten zu prüfen. Falls die Ventilzeit erheblich von den unten aufgeführten Zeiten abweicht, muß die Nockenwelle ausgewechselt werden.

Ventilzeiten

Einlaßventil öffnet 17° vor O.T. (Bogenmaß 58 mm - 2.28")
  "   schließt 43° nach U.T. ("   147 mm - 5.78")
Auslaßventil öffnet 54° vor U.T. (Bogenmaß 184.5 mm - 7.26")
  "   schließt 14° nach O.T. ("   48 mm - 1.89")

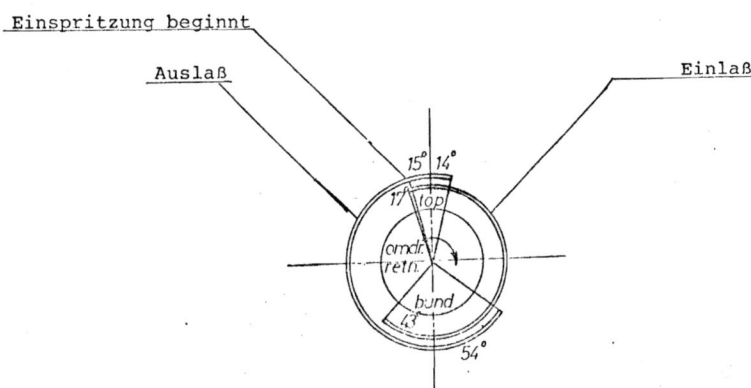

M 6

Einspritzregler

Der Einspritzregler ändert die Einspritzzeit so, daß sie mit der Drehzahl übereinstimmt.

Der Einspritzregler befindet sich, wie unten abgebildet, auf der Nockenwelle.

Demontage

1) Demontieren Sie die Einspritzpumpe (siehe Teil H Seite 9).
2) Demontieren Sie das Getriebe (siehe Teil R Seite 3).
3) Demontieren Sie den hinteren Enddeckel (siehe Teil G Seite 3).
4) Entfernen Sie die Schrauben 7.
5) Entfernen Sie das Antriebsstück 4, die Federn 5, und die Zentrifugalgewichte 3.

Montage

Die Montage geschieht in umgekehrter Reihenfolge, achten Sie darauf, daß alle Einzelteile leichtgängig sind.

Prüfen Sie, daß die Länge der Federn ca. 40.4 mm (1.5945") beträgt. Falls das Maß nicht stimmt, müssen sie ausgewechselt werden.

Stellen Sie den Stehbolzen 9 so ein, daß der Abstand vom Ende des Bolzens bis zum Anschlag am inneren Ring des Zahnrades 11 mm (0.473") beträgt. Sichern Sie den Bolzen mit der Mutter 8.

Nach der Montage kann es eventuell notwendig sein, daß die Einspritzzeit neu eingestellt werden muß. Das muß gemäß den Instruktionen in Teil H Seite 13 geschehen.

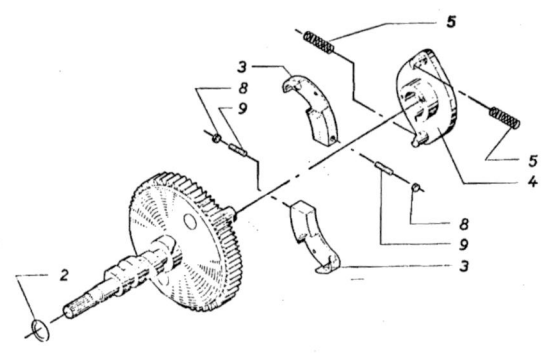

Prüfen des Einspritzreglers

Drehen Sie die Nockenwelle mit Hilfe eines Drehmomentschlüssels
in ihrer Drehrichtung. Die Zentrifugalgewichte müssen sich bei
einem Drehmoment von 0.9 kg (6.525 ft.lbf.) bewegen.

Wo der Stehbolzen gerade den inneren Ring des Zahnkranzes berührt,
muß das Drehmoment 3.5 kg (25.3 ft.lbf.) betragen.

Wenn die o.a. Drehmomente nicht erreicht werden können, müssen
Sie die Federspannung ändern, indem Sie die Feder abschleifen
oder Distanzscheiben, unterlegen.

Zu hohes Drehmoment .... abschleifen
zu niedriges Drehmoment .... Distanzscheiben gebrauchen.

Teil N

Schmierölsystem

Inhalt

Schmierölsystem .... Seite N 3

Öldruckventil .... Seite N 3

Ölfilter .... Seite N 3

Demontage u. Montage der Schmierölpumpe .... Seite N 4

Art und Viscosität des Öles .... Seite N 5

Schmierölqualität .... Seite N 5a

Schmierölsystem

Der Motor wird durch ein Druckschmiersystem geschmiert. Die Schmierölpumpe, die über die Nockenwelle angetrieben wird, saugt das Öl durch einen Grobfilter aus der Ölwanne. Von der Ölpumpe wird das Öl durch einen ganz feinen Filter zu den einzelnen Schmierpunkten gepumpt. Durch Ölbohrungen in den maßgebenden Teilen gelangt das Öl zu den gewünschten Punkten. Ein Untersetzungsventil im Schmiersystem sorgt dafür, daß das Öl bei warmem Motor und Höchstdrehzahl zwischen 2.0 - 4.0 kg/cm² gehalten wird.

Das Öl muß alle 150 Stunden Laufzeit gewechselt werden oder einmal pro Jahr.

Öldruckventil

Das Öldruckventil, abgebildet auf der unteren Zeichnung, kann durch Dehnung der Feder nachgestellt werden. Wenn der Öldruck unter dem Minimum liegt, kann die Feder gedehnt werden. Der niedrigste vertretbare Öldruck liegt bei warmem Motor bei 0.8 kg/cm².

Wenn der Öldruck zu hoch ist, vielleicht nachdem eine neue Feder installiert wurde, kann die Federspannung erniedrigt werden, indem man zwei Kupferringe zwischen Bolzen und Führung legt.

Demontieren Sie das Öldruckventil, indem Sie die Verschlußschraube 26 herausdrehen und die Feder 25 und den Kolben entfernen.

Wenn Sie den Öldruck einstellen, kontrollieren Sie diesen immer mit einer Meßuhr.

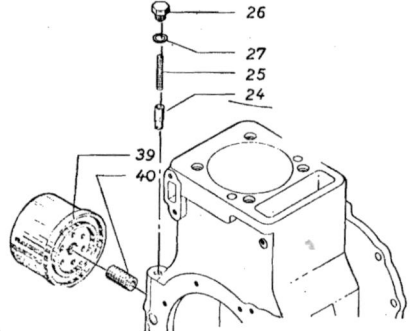

Schmierölfilter

Das Schmierölfilter 39 kann nicht gereinigt werden, muß aber nach jeden 150 Betriebsstunden bzw. nach einem Jahr erneuert werden. Drehen Sie den Filter mit der Hand herunter und werfen Sie ihn fort. Ein neuer Filter muß auch mit der Hand aufgeschraubt werden.

Devor Sie den Filter montieren, reinigen Sie die Auflagefläche am Motor.

Schmierölpumpe

Die Schmierölpumpe Marke "Eaton" hat eine Leistung von
10 l/min.

Demontage
1) Entfernen Sie die Schrauben 18.
2) Ziehen Sie den inneren Rotor 20 heraus.
3) Entfernen Sie das Pumpengehäuse 14 und ziehen Sie
   den äußeren Rotor 20 heraus.
4) Entfernen Sie die O-Ringe 15, 16 u. 17.

Montage
1) Prüfen Sie die O-Ringe auf Verschleiß und erneuern Sie sie,
   wenn nötig.
2) Montieren Sie die O-Ringe 15 u. 16.
3) Setzen Sie den äußeren und inneren Rotor 20 zusammen.
4) Setzen Sie den äußeren Rotor im Pumpengehäuse ein.
   Das Spiel zwischen Gehäuse und Rotor muß 0,05-0,15 mm
   (0,002 - 0,006") betragen.
5) Messen Sie mit einem Stahllineal an der vorderen
   Fläche das Maß zwischen Rotor und Lineal. Dieses Maß
   muß 0,025 - 0,075 mm (0,001 - 0,003") betragen.
6) Montieren Sie den O-Ring 17 und den Deckel. Ziehen Sie
   die Schrauben mit einem Anzugsmoment von 2 - 2,3 kg
   (14,5 - 16,6 ft.lb .) an.

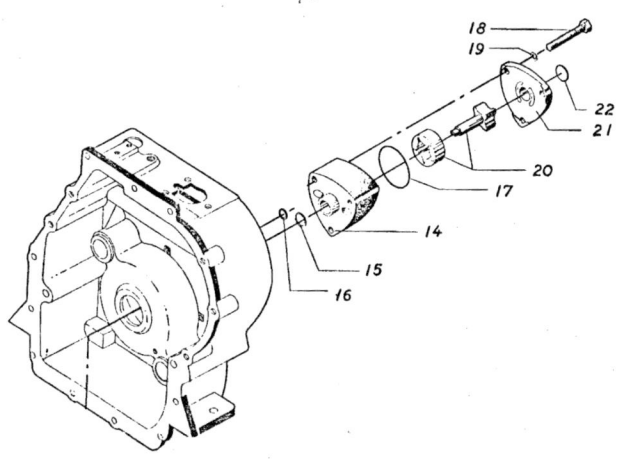

Art und Viskosität des Schmieröles

Verwenden Sie immer erstklassiges HD-Markenöl.
Die Qualitätsbezeichnung muß immer "Service DM" oder "Service DS" sein. Diese Bezeichnung sagt aus, daß das Öl mit den API-Schmierölspezifikationen für Dieselmotoren übereinstimmt, entsprechend bei Halb- und Vollast.

Viscosität

Lufttemperatur am Motor über 25°C........... SAE 30
                 zwischen 5°C u. 25°C...... SAE 20 oder
                                                        SAE 5 W-20
                        unter 5°C .... SAE 10

Schmierölqualität

Die bis jetzt gebrauchten Bezeichnungen DM und DS richteten sich nach den alten API-Schmierölspezifikationen. Nach dem neuen Spezifikationssystem sind diese Bezeichnungen entsprechend durch CC und CD ersetzt worden.

Normalerweise wird ein Öl mit der Qualitätsbezeichnung CC verwendet. Aber bei Betrieb unter besonders schwierigen Bedingungen wie z.B. äußerst kalte Starttemperatur, kurze Betriebsdauer, unterschiedliche Belastung, sollte Öl mit der Bezeichnung "Service CD" verwendet werden.

Falls der Schwefelinhalt im Kraftstoff höher als 1% ist, soll auch Öl mit der Bezeichnung "Service CD" verwendet werden.

Bei einer Lufttemperatur am Motor unter 5° gebrauchen Sie Öl mit der Viskosität SAE 10.

Bei Lufttemperaturen am Motor zwischen 5°C und 25°C benötigen Sie Öl mit der Viskosität SAE 20.

Bei Lufttemperaturen am Motor über 25°C verwenden Sie Öl mit der Viskosität SAE 30.

Teil 0

Kühlwassersystem

Inhalt

Kühlwassersystem .... Seite 0 3

Kühlwasserpumpe .... Seite 0 3

Demontage u. Montage der Wasserpumpe .... Seite 0 3

Auseinandernehmen und Montage der Wasserpumpe .... Seite 0 4

Thermostat .... Seite 0 5

Demontage und Montage des Thermostaten .... Seite 0 5

Zinkanode .... Seite 0 6

Thermostat für DV 10 von Motor Nr. 89156
und DV 20 von Motor Nr. 93637 .... Seite 0 7

Der DV 10 und DV 20 sind wassergekühlte Motoren und sind, je nach Verwendung, mit verschiedenen Kühlwassersystemen ausgerüstet.

Das Kühlwasser zirkuliert im Motor durch eine Johnson Impeller-Pumpe.

Eine beständige Kühlwassertemperatur wird durch ein im Zylinderkopf eingebautes Thermostat gewährleistet.

Kühlwasserpumpe

	Von Motor Nr.	bis Motor Nr.	Ersatzteilliste Nr.	Baujahr
DV 10	89567		4400.1.E	1973
DV 20	92447		4600.1.C	1973

Technische Daten: Fabrikat .... Johnson
                     Type P.31.934
                     Fördermenge .... max. 11,7 l/min.
                     Druck .... max. 6 m W.C.
                     Saugkapazität .... 3 m W.C.

Demontage

1) Lassen Sie das Kühlwasser vom Motor ab.
2) Lösen Sie die Ein- und Auslaßschläuche von der Pumpe.
3) Lösen Sie die Bolzen 22 und ziehen Sie die Pumpe herunter.

Die Montage erfolgt in umgekehrter Reihenfolge. Die Bolzen 22 werden mit einem Anzugsmoment von 2 - 2,3 kg (14,5 - 16,6 ft.lbf.) angezogen.

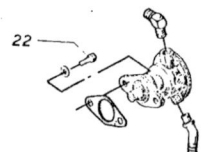

Demontage der Kühlwasserpumpe (Zerlegen)

1) Demontieren Sie die Kühlwasserpumpe (Seite O 3).
2) Lösen Sie die Halteschrauben 7 und entfernen Sie den Deckel 6.
3) Ziehen Sie den Gummiimpeller 3 heraus und dann die Welle 8 von der Vorderseite des Pumpengehäuses.
4) Lösen Sie den mit Gewinde versehenen Haltestift 4 und nehmen Sie Impeller und Welle auseinander. Prüfen Sie, ob der Impeller abgenutzt ist und erneuern Sie ihn, falls notwendig.
5) Prüfen Sie, ob die Simmeringe 9 und der O-Ring 10 verschlissen sind und erneuern Sie sie, falls notwendig.

Die Montage erfolgt in umgekehrter Reihenfolge. Beachten Sie, daß Die Flügel des Impellers nach rückwärts gebogen sind, gesehen von der Drehrichtung der Nockenwelle aus.

Der Nocken 12 kann ausgebaut werden, nachdem der Impeller entfernt wurde und man die Schraube 11 gelöst hat. Mit dem Nocken kann man die Wasserfördermenge einstellen.

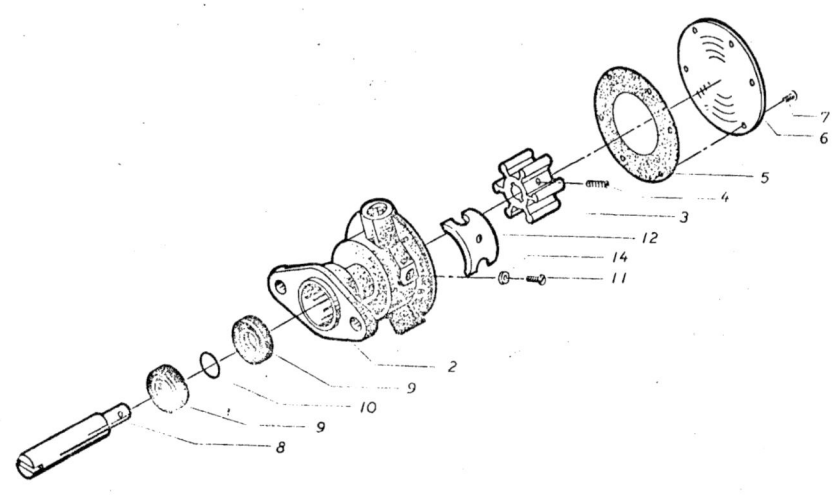

	Von Motor Nr.	bis Motor Nr.	Ersatzteilliste Nr.	Baujahr
DV 10	85967	89156	4400.1.E	1973
DV 20	92447	93637	4600.1.C	1973

Thermostat

Das Thermostat gewährleistet eine möglichst konstante Kühlwassertemperatur. Es wird weiter unten abgebildet.

Das Thermostat öffnet bei 65°C und die normale Kühlwassertemperatur beträgt ca. 70°C.

Demontage

1) Entfernen Sie die Ein- und Auslaßschläuche vom Thermostaten.
2) Lösen Sie die vier Bolzen 18 und entfernen Sie den Thermostaten vom Zylinderkopf.
3) Entfernen Sie den Deckel 9.
4) Schrauben Sie die Anschlußstücke 5 u. 26 heraus.
5) Lösen Sie die Madenschrauben 16 und schlagen Sie die Welle 15 mit einem dünnen Dorn heraus.
6) Entfernen Sie die Feder 12 und die Ventilklappe.
7) Entfernen Sie das Scheibenventil 10.
8) Ziehen Sie den Thermostateinsatz 17 und den Ring 13 aus dem Gehäuse heraus.
9) Entfernen Sie den Ring vom Thermostateinsatz.

Montage

1) Drehen Sie die Schraube auf die Welle des Thermostateinsatzes und sichern Sie sie mit LOCTITE.

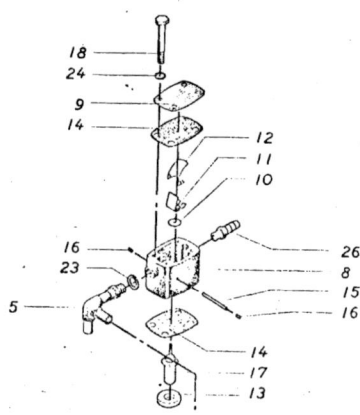

2) Montieren Sie den Ring auf den Einsatz und drücken
   Sie alles zusammen in das Gehäuse.
3) Montieren Sie das Scheibenventil.
4) Setzen Sie die Feder und die Ventilklappe ein und montieren
   Sie die Welle. Setzen Sie die Madenschrauben ein.
5) Montieren Sie die Verbindungen, den Deckel und die Ein-
   und Auslaßschläuche.

Zinkanode

Die Zinkanode ist im Kühlwassermantel des Kurbelgehäuses eingeschraubt, beachten Sie die untere Zeichnung. Sie wird von der
Vorderseite des Motors eingeschraubt. Wenn die Zinkanode langsam
zerfressen wird, hat sie ihre normale Funktion.

Prüfen Sie die Anode nach dem ersten Monat und dann alle 25
Betriebsstunden. Wenn Sie halb zersetzt ist, sollte sie ausgewechselt werden.

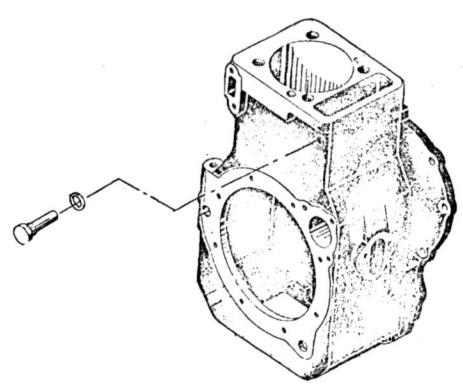

	Von Motor Nr.	bis Motor Nr.	Ersatzteilliste Nr.	Baujahr
DV 10	89156		021D6301	1974
DV 20	93637		022D6301	1974

Thermostat

Von den o.a. Motornummern ab wurde die Ausführung des Thermostaten geändert. Das Thermostat wurde so konstruiert, daß es bei Störungen für den Kühlwasserdurchfluß öffnet. Im Gegensatz zu der vorherigen Ausführung.

Die Öffnungstemperatur beträgt ca. 60°C.

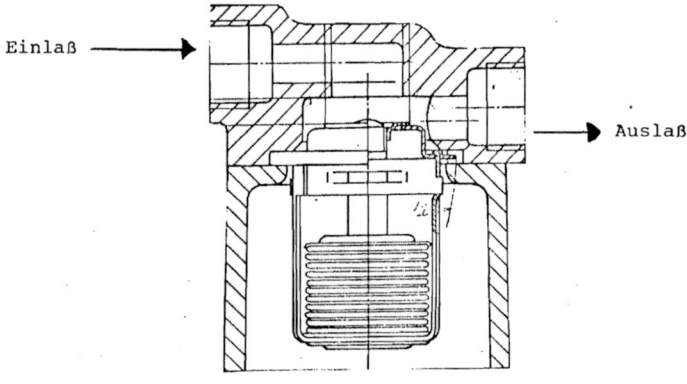

Einlaß

Auslaß

Es ist möglich, die neue Thermostatausführung auch bei Motoren mit früheren Motornummern zu installieren.

Das neue Thermostat kann beim DV 20 ohne Änderung installiert werden. Beim DV 10 muß die Leitung, die das Thermostatgehäuse mit der Ellbogenverbindung gleich hinter dem Gehäuse verbindet, abgeschnitten werden. Falls notwendig, müssen längere Schläuche verwendet werden. Für die Änderung ist ein Schlauchanschluß notwendig.

Teil P

Die elektrische Anlage

Inhalt

Verschiedene Ausführungen der elektr. Anlagen	Seite P 3
Sicherheitsbedingungen	Seite P 4
Batterie	Seite P 4
Maße der Anlasserkabel	Seite P 5
Dynastarter	Seite P 6
Anlasserrelais	Seite P 7
Elektrischer Schaltplan f. Dynastarter m. Kaltstartvorrichtung u. Instrumentenbrett	Seite P 8
Elektr. Schaltplan f. Dynastart m. Kaltstartvorrichtung und Bedienungs- und Instrumentenbrett	Seite P 9
Elektr. Schaltplan f. Dynastarter m. Bedienungs- und Instrumentenbrett	Seite P 10
Elektr. Schaltplan f. Dynastarter m. Instrumentenbrett	Seite P 11
" " " " " Bedienungstafel	Seite P 12
" " " " " Kaltstartvorrichtung	Seite P 13
" " " " " Kaltstartvorrichtung und Bedienungstafel	Seite P 14
Elektr. Schaltplan f. Dynastarter	Seite P 15
" " " Drehstromlichtmaschine	Seite P 16
Drehstromlichtmaschine u. techn. Daten	Seite P 17
Schäden oder Störungen an der MOTOROLA Drehstromlichtmaschine	Seite P 18
Wartungsanweisungen für MOTOROLA Drehstromlichtmaschine	Seite P 20
Allgemeine Änderungen bei der 1974er Ausführung	Seite P 21
Zahnkranzanlasser	Seite P 22
Maße der Anlasserkabel	Seite P 23
"Stop" Magnetschalter	Seite P 24
Standard-Schaltplan	Seite P 25
Schaltplan m. allem Zubehör	Seite P 26
Erläuterungen zu den Schaltplänen	Seite P 27

Der BUKH-Motor kann in sechs verschiedenen elektrischen
Ausführungen geliefert werden.

1) ohne Elektrostart

2) a. Elektrische Ausführung m. Dynastart u. Bedienungstafel
   b.   "   "   "   "   "   "
   und Kaltstartvorrichtung

3) a. Elektrische Ausführung m. Dynastart, Bedienungstafel
      und Instrumentenbrett

   b. Elektrische Ausführung m. Dynastart, Bedienungstafel
      und Instrumentenbrett und Kaltstartvorrichtung

4) Als Zusatzausführung kann eine Drehstromlichtmaschine geliefert
   werden.

Es ist eine 12-Volt-Anlage. Als Lichtmaschine hat der Dynastarter
eine Ladeleistung von 154 W. Als Anlasser entwickelt er 1 PS.
Es wird eine Standard-Batterie von 56 AH benötigt.

Das Laderelais, der Sicherungskasten, der Startknopf und der
Hauptschalter sind in einem Schaltkasten zu montieren. Weiter
ist der Platz für eine Kaltstart-Vorrichtung vorhanden.

Das Standard-Bedienungsbrett enthält die Kabel für "Stop" und
"Start", Zündschloß und Kontrollampen für Öldruck und Ladekontrolle.

Das Instrumentenbrett enthält einen Öldruckmesser, Kühlwasserthermometer und einen Drehzahlmesser.

Diese Angaben beziehen sich auf Motoren bis einschl.
Seriennr. 89156 f. DV 10 und Nr. 93637 für DV 20.

Sicherheitsbestimmungen

Bei allen Arbeiten am elektrischen System müssen Sie auf folgende Sicherheitsbestimmungen achten.

1) Berühren Sie niemals elektr. Kabel oder Verbindungen, ohne vorher den Motor gestoppt oder das Zündschloß ausgeschaltet zu haben.
2) Bei der Drehstromlichtmaschine müssen sie Kabel zwischen Lichtmaschine und Regler abgeklemmt werden.
3) Bei elektr. Schweißarbeiten müssen die Drehstromlichtmaschinen- und die Batteriekabel abgeklemmt werden. Weiter müssen alle Lichtschalter ausgeschaltet sein.
4) Bevor die Batterie herausgenommen wird, müssen die Halteverbindungen gelöst werden.

Die Batterie

Wenn die Verbindung der Elektrik des Motors zur Batterie vorgenommen wird, ist es von größter Wichtigkeit, daß Kabel mit den vorgeschriebenen Querschnitten verwendet werden (siehe nächste Seite). Falls die Batteriekabel eine Länge von 0,5 m überschreiten, muß der Querschnitt berücksichtigt werden.

Die Wartung der Batterie ist sehr wichtig, um ein einwandfreies Starten des Motors und eine lange Lebensdauer der Batterie zu gewährleisten.

Die Batterieflüssigkeit muß ca. 5-7 mm über den Lamellen stehen. Prüfen Sie, ob die Ventilation der Verschlußstopfen in Ordnung ist. Wenn Sie die Batterie mit einem Säuremeßgerät durchmessen, muß das spez. Gewicht, wie auf der unteren Tabelle angegeben, gewährleistet sein.

	Batterie aufgeladen	Batterie halb aufgeladen	Batterie leer
spezif. Gewicht 20°C	1.28	1.20	1.12

Wenn Sie die Batterie durchmessen, muß sicher sein, daß der Flüssigkeitsstand normal ist.

Das spez. Gewicht ändert sich mit der Temperatur und somit ist es wichtig zu wissen, daß das spez. Gewicht von 1.27 bei 25°C sich auf 1.29 bei 0°C erhöht und bei 54°C fällt.

	Von Motor Nr.	bis Motor Nr.	Ersatzteilliste Nr.	Baujahr
DV 10	85000	89156	020D3202	1973
DV 20	92000	93637	020D2302	1973

Maße der Anlasserkabel
und
Technische Daten der elektrischen Anlage

```
Anlasser Nr. .................................. 612C1050
Volt .......................................... 12
Batterieleistung in AH ........................ 56
Leistung in Amp. .............................. 300
```

Höchst erlaubte Kabellänge der Anlasserkabel	
25 mm²	2.3 m
35 mm²	3.1 m
50 mm²	4.4 m
70 mm²	6.2 m
95 mm²	8.4 m
120 mm²	–

Dieses hat Gültigkeit für Motoren bis einschl. Nr. 89156 für DV 10 und Nr. 93637 für DV 20. Für Motoren mit Seriennummern danach wird der Anlasser mit Zahnkranz verwendet.

Dynastarter

Der Dynastarter hat die folgenden Spezifikationen:

Typ .... LA/EJ 90/12/2900+1.0 R5
Ladeteil:
    Volt 14
    Amp. 11
Anlasserteil:
    Volt 12
    Leistung .... 1 PS
Stromwerte:
    Drehmoment .... 2.1 kpm
    Leistungsverbrauch .... 300 A
Drehrichtung von der Schwungscheibe
gesehen .... rechts
Gewicht .... 9.3 kg

Bezüglich Inspektion und Prüfen des Dynastarters müssen Sie eine Bosch-Station aufsuchen.

Die folgenden Testwerte können genannt werden:

Anlasserteil									
Batterie		Leerlaufdrehzahl		Einstellladung		Ladung		Stromwerte	
V	AH	A	V	U/min.	A	V	U/min.	A	V
12	24	8-10	11-11.5	2050-2150	170	9.5-10	600-650	290-310	7.5-8.5
	135	8-10	11-12	2050-2150	180	10.5-11	700-730	345-390	9.5-10

Lichtleistung/Ladeteil						
Lichtmaschinen Volt	ohne Belastung	mit Belastung		Einstellladung	Bürstendruck	Anschlußwerkzeuge
V	U/min.	kalt U/min.	warm U/min.	A	g	
12	2650-2750	2750-2850	2950-3050	7.5	850-1000	Lagerbuchsenhälfte EFLJ 15/68 EFLJ 25/64a Keilriemenscheibe EFLJ 15/50 EFMM 1

Relais

Das Relais hat die folgenden Spezifikationen:

Typ .... ZAD 14 V 11 A
Volt 14
Max. Leistung ....11 Amp.
Strom .... 300 Amp.
Gewicht .... 0.55 kg

Bezüglich Inspektion und Prüfen des Relais müssen Sie sich an eine Bosch-Station wenden.

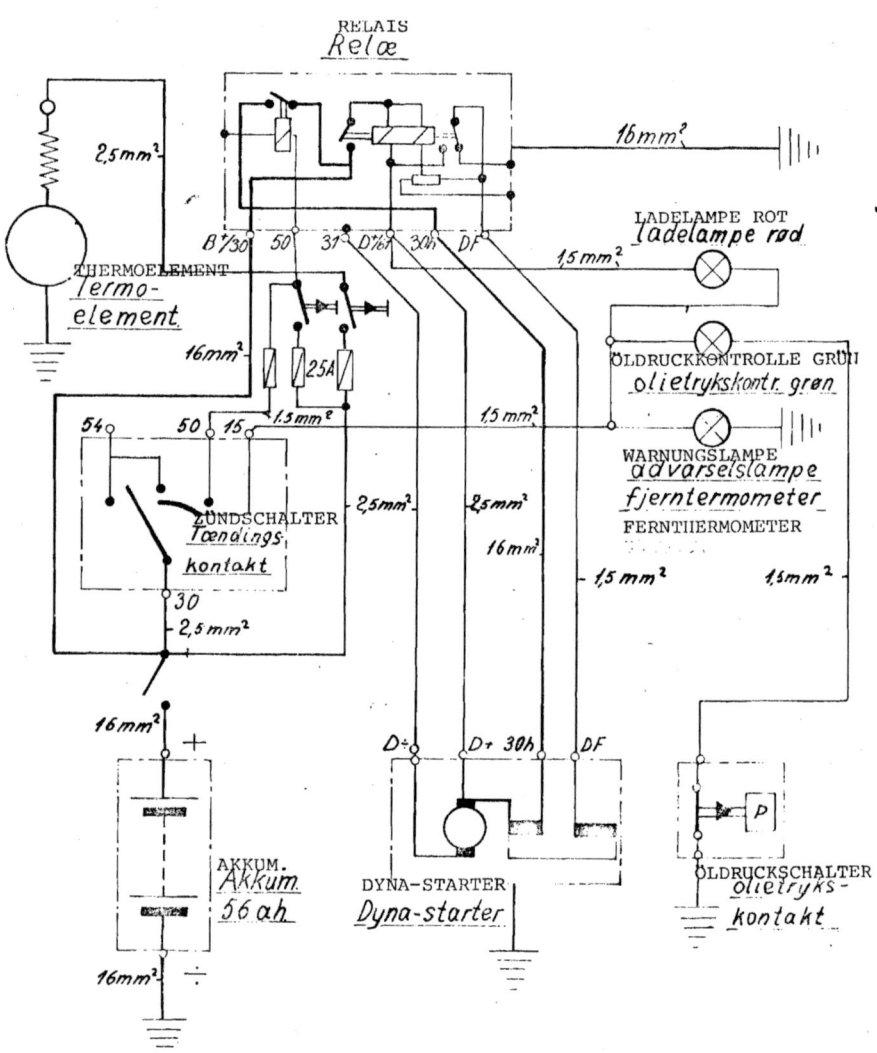

Elektrischer Schaltplan f. Dynastarter m. Kaltstartvorrichtung und Instrumentenbrett.

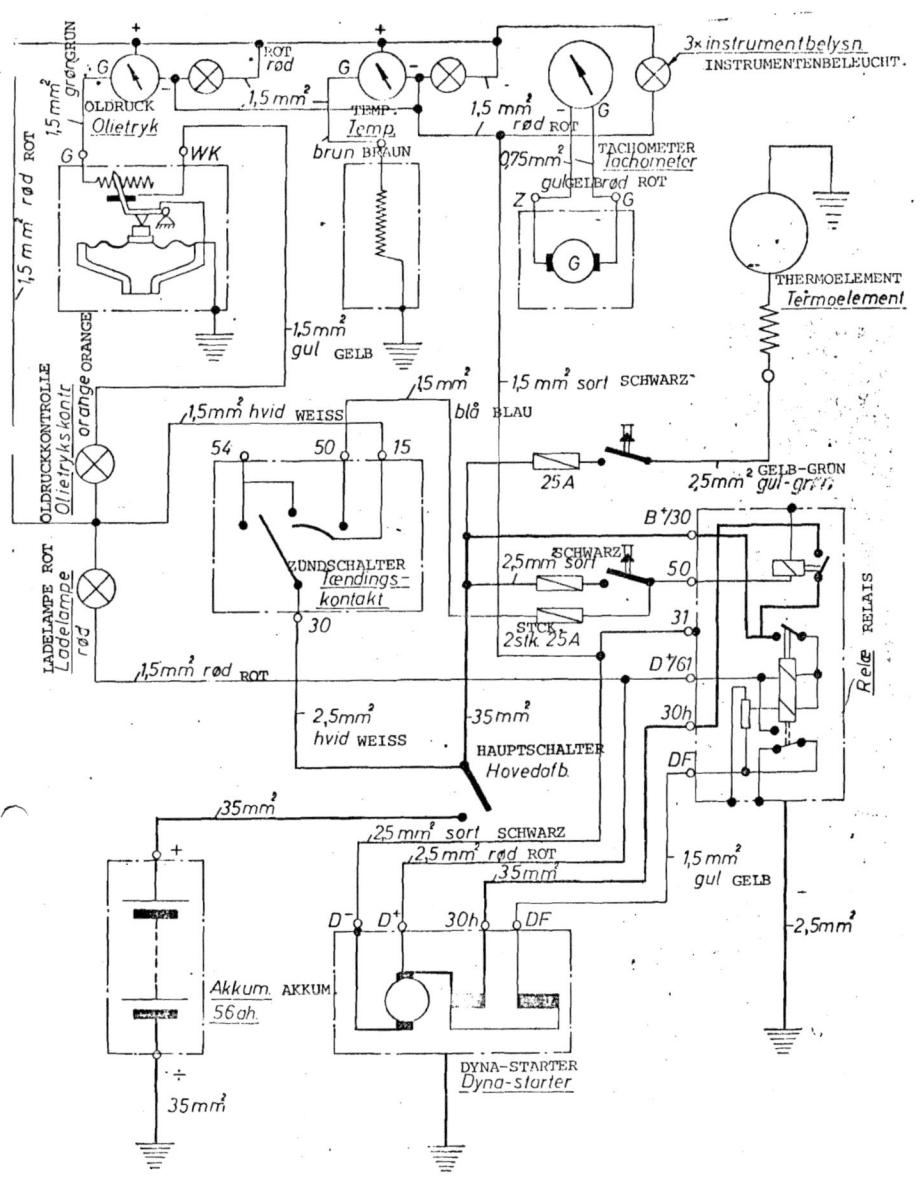

Elektrischer Schaltplan f. Dynastarter m. Kaltstartvorrichtung und Bedienungs- und Instrumentenbrett.

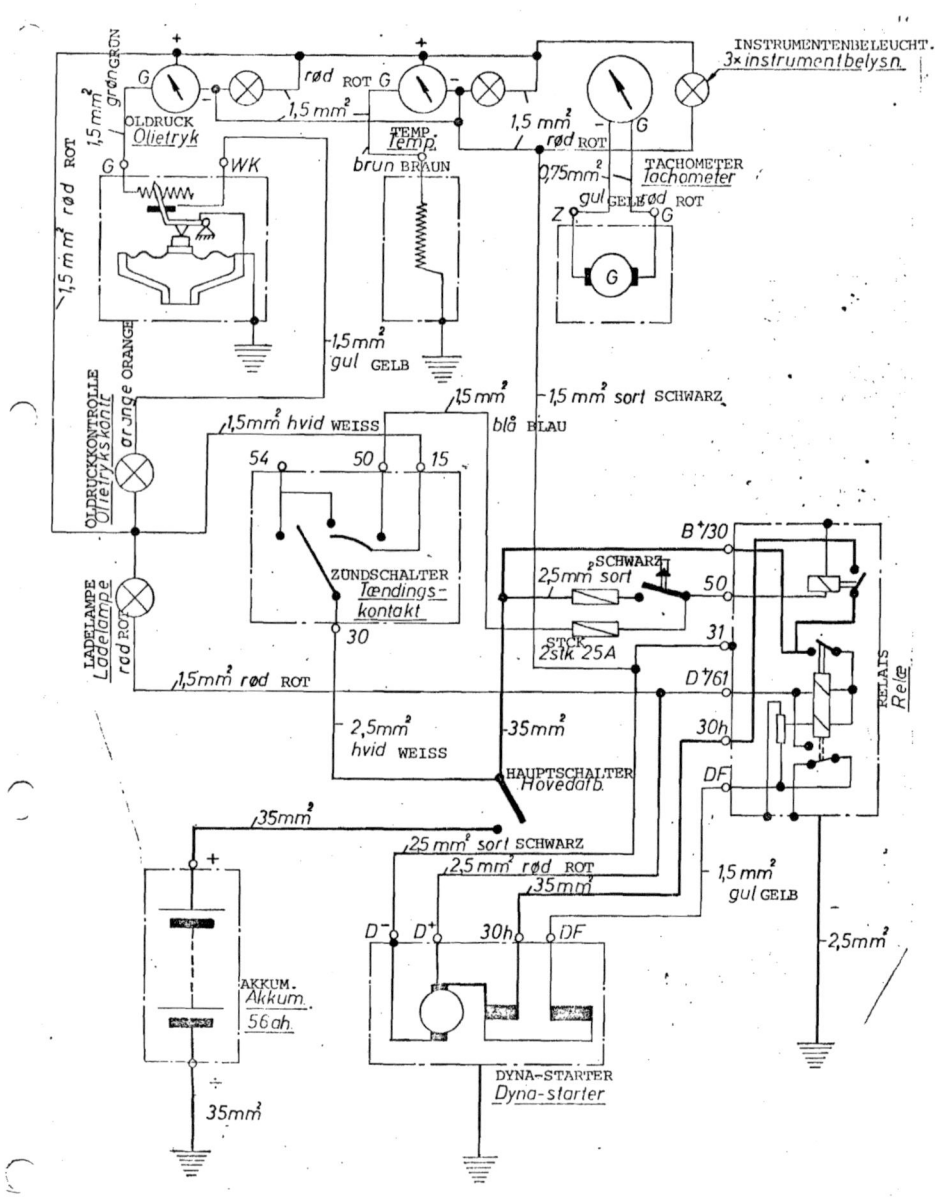

Elektrischer Schaltplan f. Dynastarter m. Bedienungs- u. Instrumentenbrett.

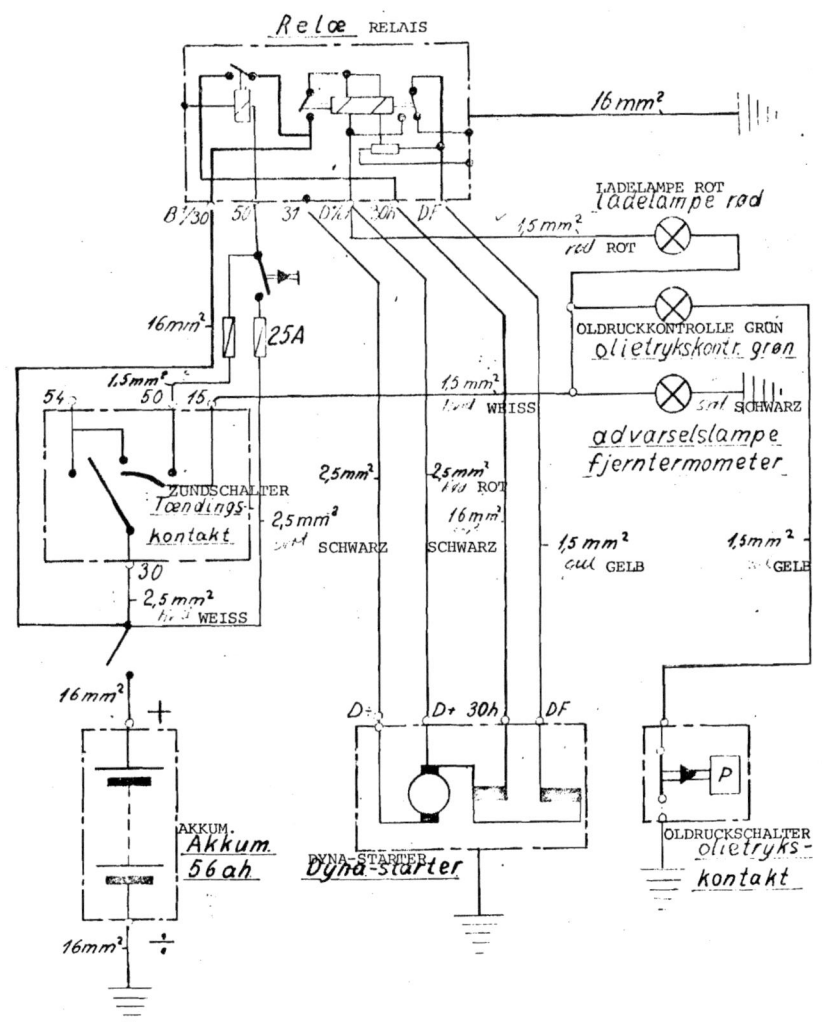

Elektrischer Schaltplan f. Dynastarter m. Instrumentenbrett.

Elektrischer Schaltplan f. Dynastarter m. Bedienungstafel.

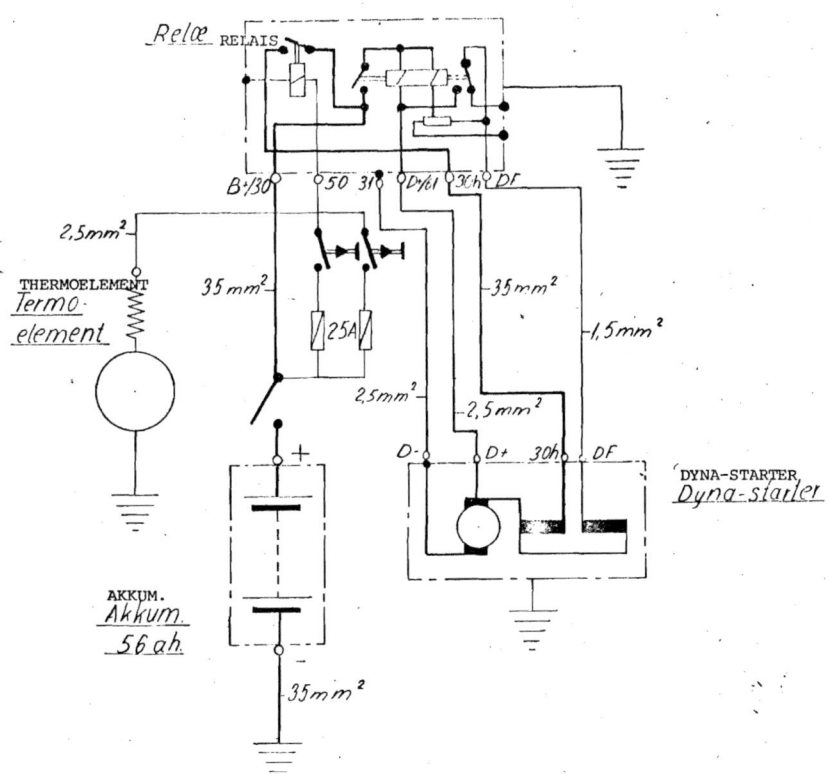

Elektrischer Schaltplan f. Dynastarter m. Kaltstartvorrichtung.

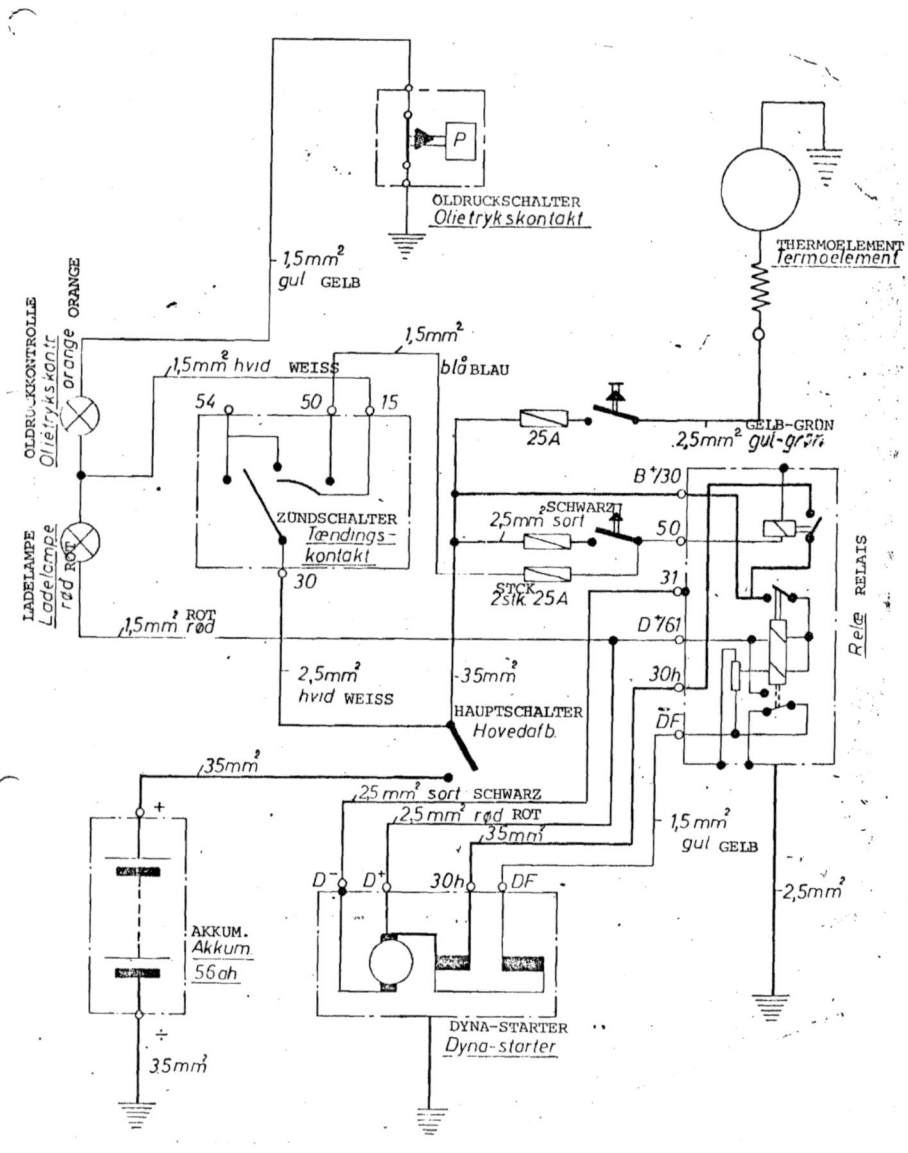

Elektrischer Schaltplan f. Dynastarter m. Kaltstartvorrichtung u. Bedienungstafel.

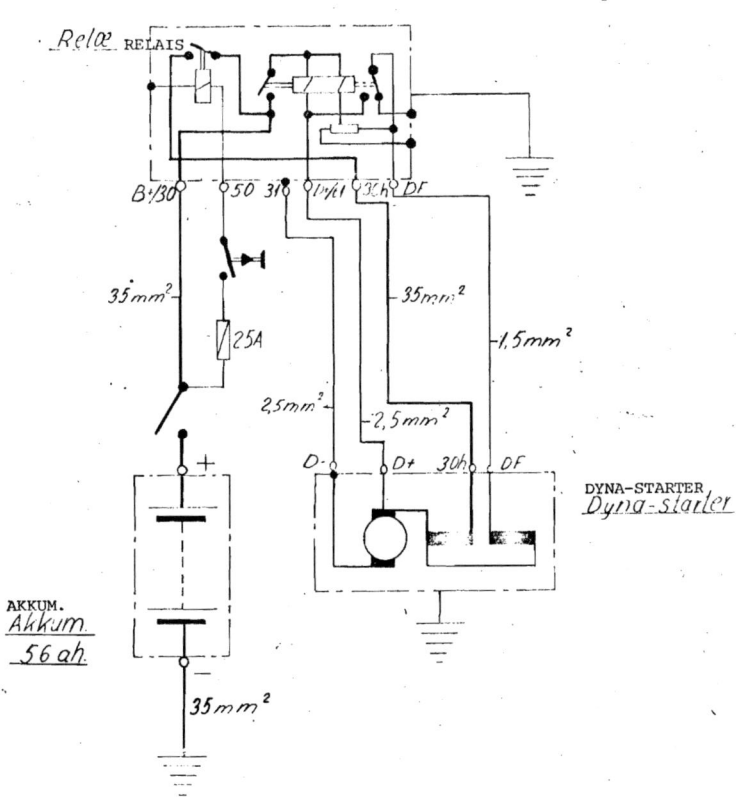

Elektrischer Schaltplan f. Dynastarter.

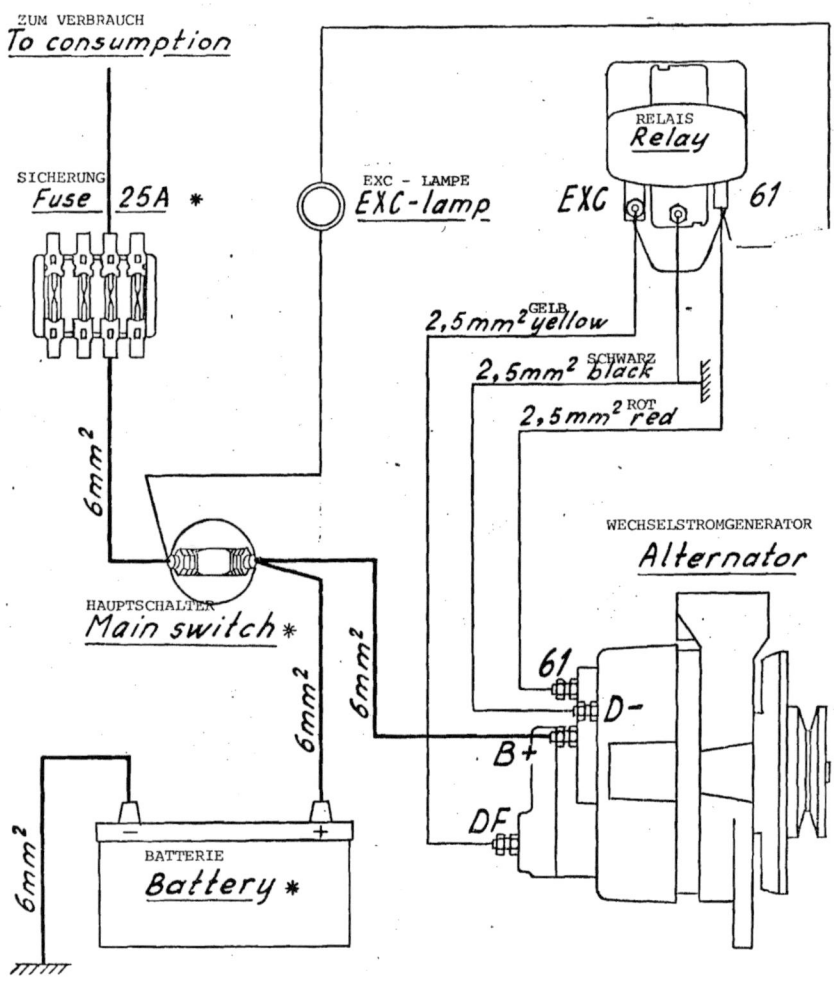

Elektrischer Schaltplan f. Drehstromlichtmaschine.

Drehstromlichtmaschine

Marke S.E.V. Marchal (Motorola) .... Typ A14/30
Volt 14
Höchste Ladeleistung .... 38 Amp.
Leistung bei 4000 U/min. am Generator .... 530 Watt
Höchstdrehzahl .... 9000 U/min.

Unten sehen Sie eine Explosionszeichnung der Drehstromlichtmaschine.

Umfangreiche Reparaturen sollten von einer Spezialwerkstatt vorgenommen werden.

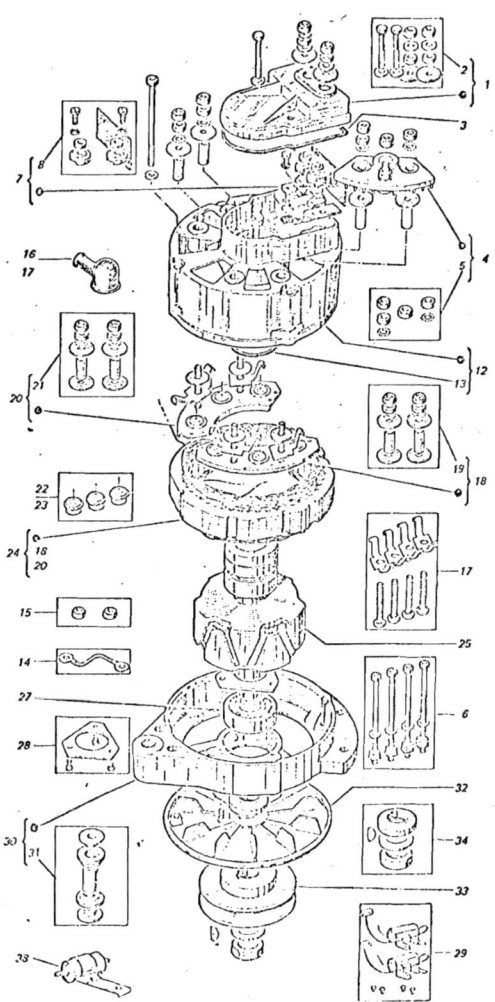

Wenn in der elektrischen Anlage bei DV-Motoren S.E.V. Marchal (Motorola) Drehstromlichtmaschinen verwendet werden, muß folgendes sorgfältig beachtet werden:

1) Bei Betrieb muß der Drehstromgenerator immer mit der Batterie verbunden sein, da sonst die Dioden ausglühen.

2) Der Drehstromgenerator darf nie parallel mit dem Dynastarter auf eine Batterie geschaltet werden, da die Ladeabgabe nicht gleichmäßig verteilt wird.

3) Falls es notwendig wird, den Motor in Betrieb zu nehmen, ohne daß die Lichtmaschine eine Ladung abgeben kann, z.B. wenn die Batterie aufgeladen wird, muß der Keilriemen der Lichtmaschine entfernt werden.

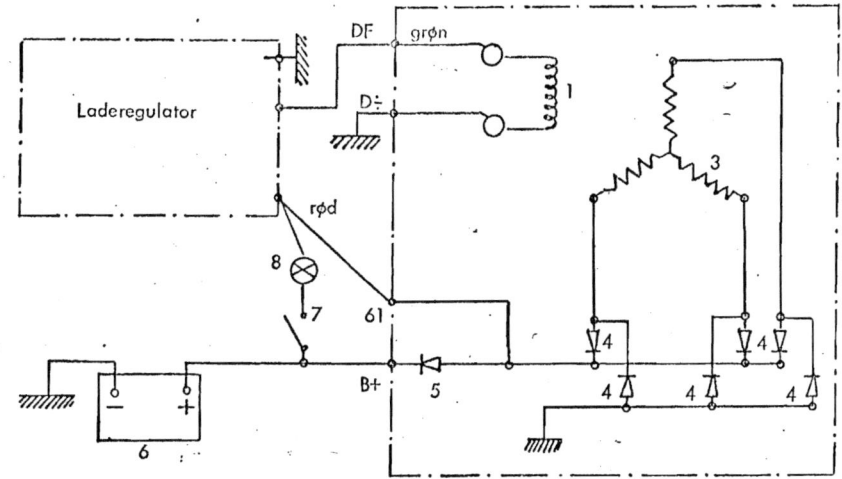

Falls das elektrische System nicht auflädt (die Ladekontrollampe leuchtet auf), müssen Sie folgendes prüfen:

1) Klemmen Sie die Kabel vom Regler vom Anschluß 61 (rot) und DF (grün) ab.
   Ziehen Sie ein separates Kabel direkt von 61 an DF.
   Montieren Sie ein Voltmeter zwischen 61 (rot) und Gehäuse.
   Starten Sie den Motor und lassen Sie ihn im Leerlauf laufen, nachdem Sie den Motor einen kurzen Moment hochgefahren haben.
   Falls jetzt das Voltmeter ca. 15 Volt anzeigt, ist der Regler defekt.
   Falls das Voltmeter gar nichts anzeigt, ist der Generator defekt.
   Falls eine niedrigere Voltzahl angezeigt wird (als 15 Volt), wird eine der Gleichrichterdioden defekt sein.

2) Mit ausgeschaltetem Zündschlüssel und ausgeschaltetem Motor.
   Montieren Sie ein Voltmeter zwischen 61 (rot) und Gehäuse. Das Voltmeter darf keinen Ausschlag registrieren.
   Falls ein Ausschlag zu bemerken ist, wird eine Isolationsdiode defekt sein.

3) Mit eingeschaltetem Zündschlüssel und ausgeschaltetem Motor.
   Montieren Sie ein Voltmeter zwischen Klemme 61 (rot) und Rahmen.
   Das Voltmeter wird ca. 1-2 Volt anzeigen. Falls die Anzeige niedriger ist, kann es auf eine schlechte Verbindung im Netz zwischen Zündschlüssel und Ladekontrollampe zurückzuführen sein.
   Falls die Anzeige größer ist, kann es folgende Gründe haben:
   a) Defekt in der Isolationsdiode
   b) Zu großer Widerstand im Erregerkreislauf des Rotors
   b) Prüfen Sie alle Verbindungen an den Kontakten und Bürsten.

4) Montieren Sie ein Voltmeter von B+ (Ladekabel) am Generator
   direkt zum +Pol der Batterie.
   Lassen Sie den Motor bei der höchsten Leerlaufdrehzahl laufen.
   Schalten Sie alle Verbraucher (Lampen) ein, um die Abnahme
   zu erhöhen. Jetzt darf das Voltmeter keinen höheren Ausschlag
   als 0.3 Volt anzeigen.
   Falls die Anzeige höher ist, müssen Sie alle Anschlüsse an
   der Batterie und im Ladekreislauf prüfen.

5) Montieren Sie ein Voltmeter zwischen -Pol der Batterie
   und -Pol des Generators.
   Lassen Sie den Motor bei Höchstleerlaufdrehzahl laufen und
   schalten Sie alle Verbraucher ein.
   Der höchste Voltabfall darf nur 0.2 Volt sein.

Wartungshinweise für Motorola-Lichtmaschine

Arbeit	Ausführung	ACHTUNG! Besondere Beachtung!
Erneuern	Wenn die Batterie erneuert wird, ist es wichtig, daß die Pole korrekt angeschlossen werden. **Bemerkung:** Falls es notwendig wird, mit einer ganz leeren Batterie zu fahren, klemmen Sie zuerst die Kabel zum Regler ab und isolieren sie.	Sie dürfen niemals die Batterieklemmen lösen und niemals den Stromkreis der Batterie öffnen, wenn der Motor läuft.
Kabel	Prüfen Sie regelmäßig die Kabelanschlüsse am Generator.	Sie dürfen niemals ein Kabel abklemmen, ohne vorher den Motor ausgeschaltet und einen Batterieanschluß abgeklemmt zu haben.
Starthilfe		Sie dürfen den Motor nie mit Hilfe einer 2. Batterie starten, ohne die Kabel zum Regler abgeklemmt und isoliert zu haben. Benutzen Sie niemals Hauptverbindungen.
Keilriemen	Lösen Sie alle Halteschrauben. Drücken Sie den Generator nicht zu weit nach außen, besonders nicht in Richtung des hinteren Teils, wo die Dioden angebracht sind.	

Bei den 1974er Modellen der DV-Motoren hat sich das elektrische System, wie auf den folgenden Seiten beschrieben, geändert.

Generell sind die Änderungen des elek. Systems wie folgt:

1) Der Dynastarter wurde durch einen Anlasser mit Zahnkranz ersetzt (Seite P 22). Daraus ergibt sich eine Änderung der Maße der Starterkabel (Seite P 23).
2) Die manuelle Stoppvorrichtung des Motors (Seite G 11) wurde durch einen Magnetschalter ersetzt (Seite P 24).
3) Neue Schaltpläne (Seite P 25 u. P 26).
4) Das Kabelsystem (Kabelbaum) des Motors wird jetzt von BUKH bereits verkabelt und mit zwei Vielfachsteckern versehen.

Das neue System kann nicht an Motoren älterer Ausführung installiert werden.

	Von Motor Nr.	bis Motor Nr.	Ersatzteilliste Nr.	Baujahr
DV 10	89156		020D2302	1974
DV 20	93637		020D2302	1974

Anlasser

Marke Bosch .... Typ 001 315 004
Volt 12
Leistung .... 2 PS
Batteriekapazität .... 56 AH
Höchsterlaubte Kapazität .... 88 AH

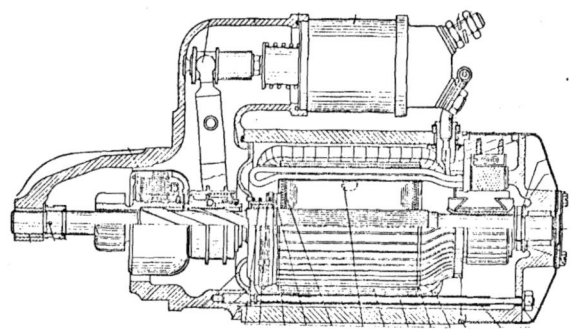

Der Anlasser ist auf der linken Seite, von der Schwungscheibe aus gesehen, am Motor montiert. Über einen aufgeschrumpften Zahnkranz auf der Schwungscheibe startet der Anlasser den Motor.

Der Anlasser ist mit selbstschmierenden Lagern ausgerüstet und bedarf daher keinerlei Schmierung.

Nach allen 800-1.400 Betriebsstunden sollte man den Deckel entfernen und abgenutzte Bürsten und Federn wechseln.

Falls der Kollektor schmutzig oder verölt ist, mit einem mit Benzin getränkten Lappen reinigen. Niemals Schleifpapier verwenden!

Falls die Oberfläche des Kollektors sehr rauh, zerkratzt oder verbrannt ist, muß der Anlasser abgebaut werden und der Kollektor sauber abgedreht werden.

Größere Anlasserreparaturen müssen von autorisierten Spezialwerkstätten ausgeführt werden.

	Von Motor Nr.	bis Motor Nr.	Ersatzteilliste Nr.	Baujahr
DV 10	89156		02OD2302	1974
DV 20	93637		02OD2302	1974

Wenn Sie die Batterie einbauen, müssen Sie den Stromabfall in den Anlasserkabeln berücksichtigen.

Bei einer 56-AH-Batterie müssen die Kabel nach der untenstehenden Tabelle dimensioniert werden.

Max. Länge über alles für Anlasserkabel	
35 mm²	2.4 m
50 mm²	3.6 m
70 mm²	5.0 m
95 mm²	6.8 m
120 mm²	8.6 m

Die max. Länge wird gemessen vom +Pol des Anlassers zum +Pol der Batterie, zuzügl. der Länge vom -Pol der Batterie zum Rahmen.

DER MOTOR DARF NIEMALS GESTARTET WERDEN, WENN DIE BATTERIE NICHT VORHER MIT DER LICHTMASCHINE VERBUNDEN WURDE.

	Von Motor Nr.	bis Motor Nr.	Ersatzteilliste Nr.	Baujahr
DV 10	89156		021D0702	1974
DV 20	93637		022D0702	1974

Von den o.a. Motornummern ab wurde die manuelle Stoppvorrichtung geändert. Jeder Motor ist jetzt mit einem Stopp-Magnetschalter versehen.

Magnetschalter

Marke Bosch .... Typ 0330 101 024
Volt 12

Falls das Stoppmagnet defekt ist, muß es ausgewechselt werden, es kann nicht repariert werden. Wenn Sie einen neuen Stopp-Magnetschalter installieren, berücksichtigen Sie bitte folgendes:

1) Ziehen Sie die vier Halteschrauben A gleichmäßig an. Bei der geringsten Verkantung wird das Magnet nicht arbeiten.

2) Der Stoppknopf, der den Magneten betätigt, bestimmt die maximale Stellung des Kraftstoffpumpengestänges. Daher muß das Maß X, welches durch die Mutter B verändert werden kann, genau mit dem Maß des vorherigen Magneten übereinstimmen.

   Am leichtesten ist es gewährleistet, wenn man den Stoppmagneten zusammen mit dem Deckel C entfernt.

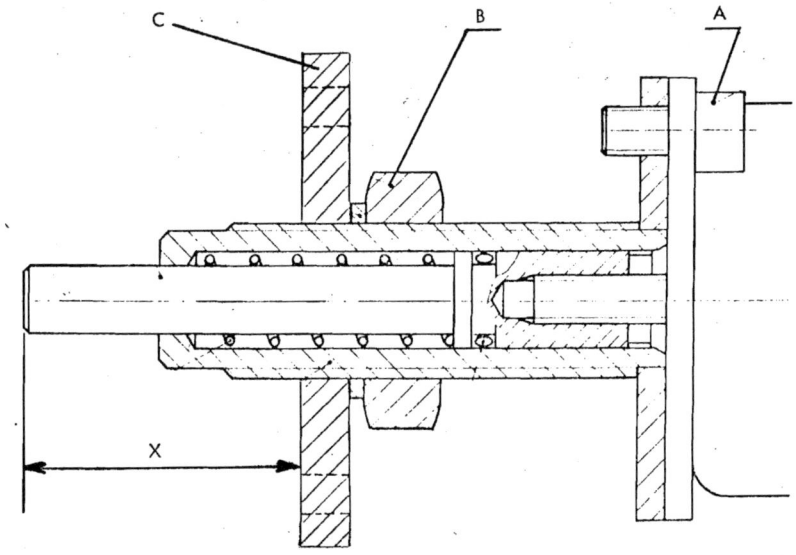

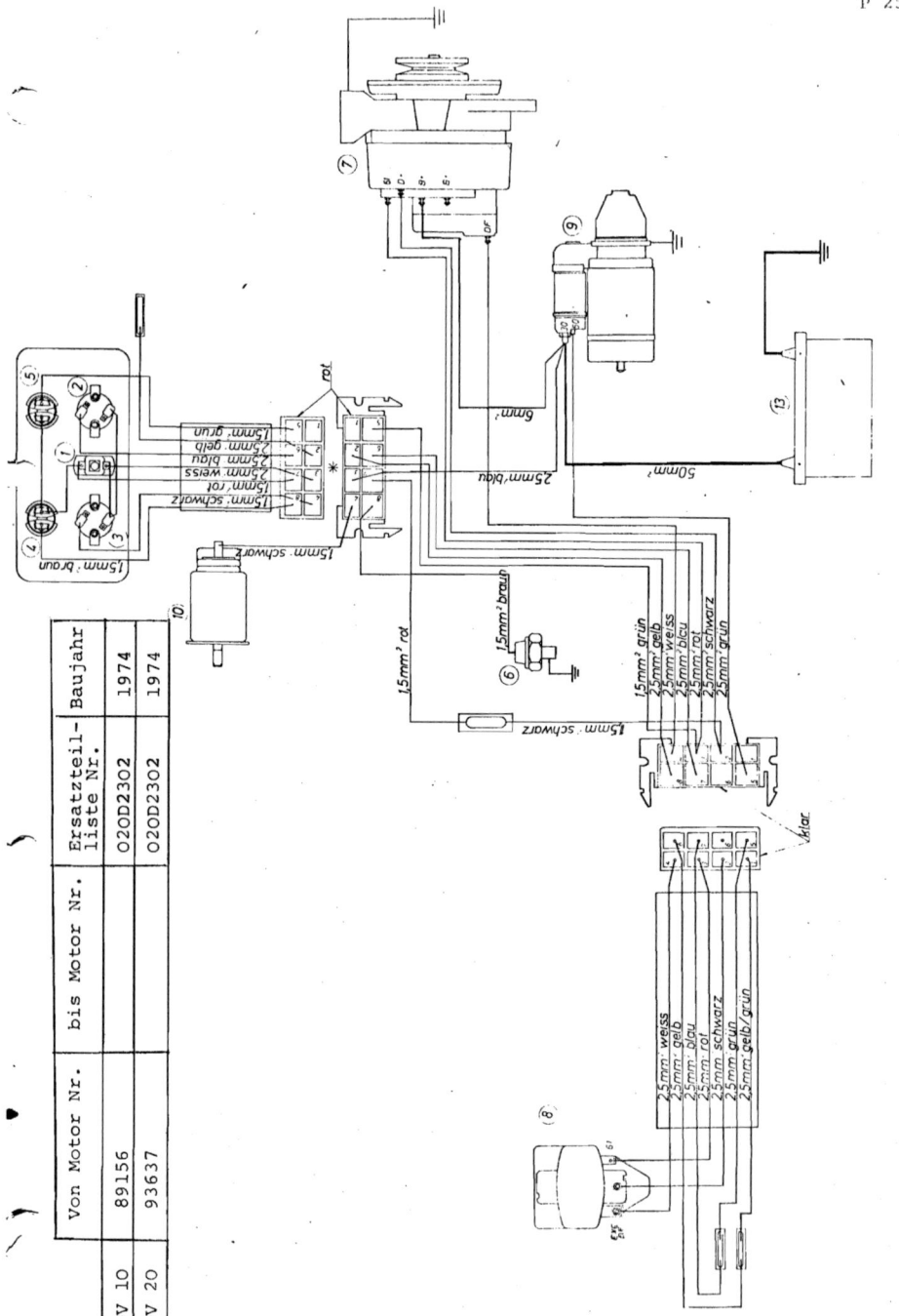

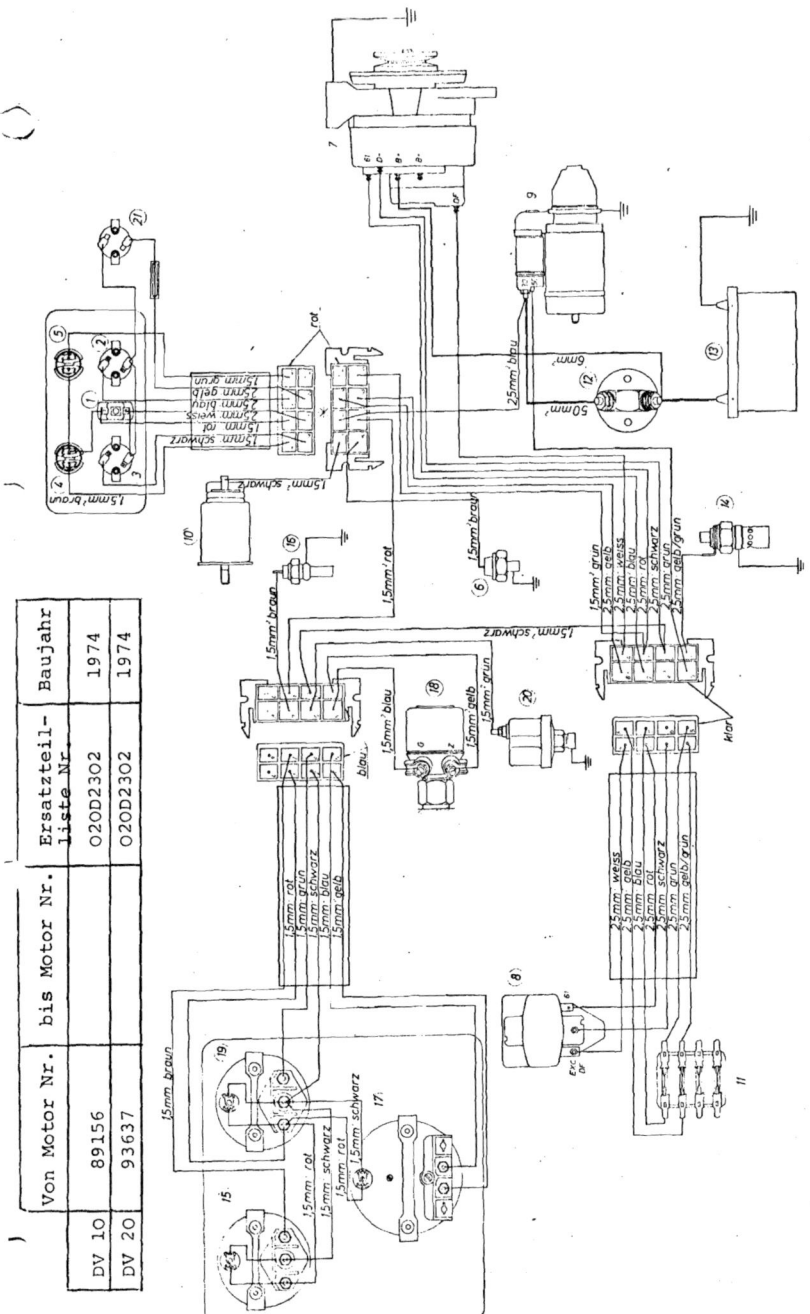

Erläuterungen zu den Schaltplänen auf Seite P 25 u. P 26

1) Schalter für Kontrollampen und Instrumentenbeleuchtung
2) Startknopf
3) Stoppknopf
4) Kontrollampe f. Öldruck
5) Ladekontrollampe
6) Öldruckschalter
7) Drehstromlichtmaschine
8) Regler
9) Zahnkranzanlasser
10) Stopp-Magnetschalter
11) Sicherungskasten
12) Hauptschalter
13) Batterie
14) Kaltstarteinrichtung
15) Kühlwasserthermometer
16) Kühlwasserthermometer-Geber
17) Drehzahlmesser
18) Drehzahlmesser-Geber
19) Öldruckmesser
20) Öldruckmesser-Geber
21) Schalter für Kaltstarteinrichtung
22) Isolierte Kabelenden zum Gebrauch bei Beginn der Installation.

11. Der Motor wird zu heiß.

Starker Geruch von verbrannter
Farbe oder verbranntem Öl.

Motor überlastet.
Kein oder zu wenig Kühlwasser.
Kühlwasserpumpe defekt.
Schlauchverbindung undicht.
Ablaßhahn leckt.
Bodenventil verstopft.

Kühlwassertemperatur zu hoch
(über 85°C).

Zylinderkopfdichtung defekt.
Verbrennung gelangt in die Wasserkanäle. Man erkennt dann Öl im
Kühlwasser oder einen zu hohen Druck
im Kühlsystem.

Zu niedriger Öldruck.

Kein oder zu wenig Öl im Motor.
Schmieröl zu dünn.
Schmierölpumpe defekt.
Überdruckleitung im Schmierölsystem
verstopft.
Siehe Seite 3 "Zu hoher Schmierölverbrauch".

12. Motor erreicht nicht seine normale Betriebstemperatur.

Zu niedrige Kühlwassertemperatur
(unter 50°C).

Thermostat defekt. Immer geöffnet.
Lufttemperatur zu niedrig.

Teil V

Wartung

Inhalt

Prüfen .... Seite V 3
Wartungstabelle .... Seite V 4
Lagerung .... Seite V 5

Prüfen

Prüfen Sie den Motorenölstand nach allen 25 Betriebsstunden und füllen Sie, wenn nötig, auf.

Prüfen Sie den Flüssigkeitsstand in der Batterie alle 25 Betriebsstunden und füllen Sie, falls zu niedrig, mit destilliertem Wasser auf.

Prüfen und Nachstellen, wenn nötig

Prüfen Sie das Ventilspiel alle 150 Stunden und stellen Sie es, wenn nötig, neu ein.

Prüfen Sie die Keilriemenspannung nach allen 150 Betriebsstunden und stellen Sie nach, falls nötig.

Wechseln oder Reinigen

Wechseln Sie das Öl alle 150 Betriebsstunden, das erste Mal nach 30 Stunden.

Wechseln Sie den Schmierölfilter nach allen 150 Betriebsstunden. Wechseln Sie den Kraftstoff oder reinigen Sie den Kraftstoffilter alle 300 Betriebsstunden. Ein Filter kann 4-5 mal gereinigt werden, bevor er gewechselt werden muß.

Wechseln Sie den Luftfilter alle 300 Betriebsstunden.

Wartungstabelle

	alle 25 Std.	alle 50 Std.	alle 150 Std.	alle 300 Std.	alle 600 Std.	alle 900 Std.
Prüfen:						
Ölstand im Motor	x					
Ölstand im Getriebe	x					
Batterieflüssigkeit	x					
Düsen					x	
Dynastarter						x
Wechseln:						
Schmieröl		x				
Getriebeöl			x			
Schmierölfilter			x			
Kraftstoffilter				x		
Luftfilter				x		
Einstellen (falls notwendig):						
Ventile			x			
Keilriemen			x			

Lagerung

Falls der Motor für eine längere Dauer nicht in Anspruch genommen wird, können sowohl im Verbrennungsraum als auch im Kühlsystem Rostschäden auftreten.
Daher sollte man vor einer längeren Lagerung folgende Vorkehrungen treffen:

1) Lassen Sie den Motor laufen, bis er seine normale Betriebstemperatur erreicht, dann lassen Sie das Motoren- und Getriebeöl ab.

2) Füllen Sie Korrosionsschutzöl auf. Eines der unten aufgeführten Sorten oder jedes andere Markenöl kann man verwenden.

Korrosionsschutzöl	
Shell	Ensis Engine Oil 20 W
Esso	Rust Ban 623
Texaco	Preservative Oil 30
BP	Energol Protective Oil 30
Castrol	Rustilo 652
Mobil	Avma 523
Valvoline	Tectyl 876

3) Leeren Sie den Kraftstofftank und füllen Sie 1-2 ltr. Korrosionsschutzkraftstoff auf. Einer der unten aufgeführten oder jeden anderen Markenkraftstoff kann man verwenden.

Korrosionsschutzkraftstoff	
Shell	Ensis Engine Oil 20 W
Esso	1/3 Rust Ban 623 + 2/3 Autodiesel
Texaco	Rustproof Oil
BP	Energol CPD 33
Castrol	JSO (1:16)
Mobil	Avma 245
Valvoline	Tectyl 876

4) Starten Sie den Motor und lassen ihn ca. 10 Minuten lang laufen. Dann stellen Sie den Motor ab und lassen das Korrosionsschutzöl vom Motor und Getriebe ab. Leeren Sie den Kraftstofftank und das Filter.

5) Schließen Sie die Ein- und Auslaßöffnungen.

6) Entfernen Sie die Kühlwasserschläuche von der Wasserpumpe, dem Thermostatgehäuse und von dem Kurbelgehäuse. Entfernen Sie das Thermostatgehäuse. Öffnen Sie die Ablaßhähne, damit das Wasser ablaufen kann. Dann die Hähne wieder schließen.

7) Schließen Sie die Öffnungen des Kurbelgehäuses, jedoch nicht die Öffnung, wo das Thermostatgehäuse montiert war.
8) Füllen Sie das Kühlsystem mit einem der aufgeführten Korrosionsmittel auf. Falls angegeben, mit Wasser mischen.
Schließen Sie die Thermostatgehäuseöffnung.

Korrosionsschutzmittel für Kühlwassermantel	
Shell	Dromus Oil B
Esso	Rust Ban 392
Gulf	Cut 51 A or Solcut No. 1
Texaco	Radiatortex or Soluble Oil (2%)
BP	Soluble Oil EH or Energol SB 4
Castrol	Radiator Preservative (2%)
Mobil	Solvac 2 (1/2%)
Valvoline	1/3 Tectyl 810 Base + 2/3 water

BEMERKUNG: Die Kühlwasserpumpe und die Bilgepumpe dürfen mit dem Korrosionsschutzmittel nicht in Berührung gebracht werden, da sie aus Gummi hergestellt sind.

Vorbereitungen für Inbetriebnahme nach der Lagerung:

Lassen Sie das Korrosionsschutzöl vom Motor ab und füllen Sie Schmieröl auf. Lassen Sie die Korrosionsschutzflüssigkeit vom Kühlsystem ab, montieren Sie das Thermostatgehäuse und die Schlauchverbindungen. Füllen Sie den Tank mit Kraftstoff auf.

Lagerung von Kraftstoff

Da die Kraftstoffeinspritzpumpen und Düsen auf sehr genauen Toleranzangaben gefertigt sind, ist es unbedingt notwendig, daß der Kraftstoff frei von jeglichen Unreinheiten ist. Daher hat der Motor einen Feinstfilter, der einen sorgfältigen Schutz der Kraftstoffaggregate gewährleistet.
Dennoch sollten Sie die folgenden Maßnahmen bei Kraftstofflagerungen nicht außer acht lassen:

1) Lagerungsbehälter sollten nicht galvanisiert sein, da Kraftstoff in Verbindung mit Wasser möglicherweise die galvanisierte Schicht auflöst.
2) Die Behälter müssen sauber und trocken gelagert sein.
3) Der Ablaßpunkt muß über dem tiefsten Punkt des Behälters liegen, damit keine Ablagerungen mit dem Kraftstoff abgelassen werden können.
4) Benutzen Sie einen feinen Filter beim Absaugen.
5) Vor dem Ablassen müssen die Behälter eine Zeit lang unbewegt liegen.

Betriebsstörungen

Ursachen u. Behebungen
beim
Elektrischen System

Die Batterie ist nicht genügend aufgeladen

Batterieklemmen schlecht oder lose.
Zuwenig Flüssigkeit auf der Batterie.
Eine oder mehrere Batteriezellen zusammengebrochen.
Regler defekt.
Lichtmaschine defekt.

Dynastarter dreht zu langsam oder gar nicht

Leere Batterie.
Keine oder mangelhafte Verbindung zwischen den Batterieklemmen und den Batteriekabeln.
Defekte Batterie.
Defektes Zündschloß.
Defekte Kabelverbindung zwischen Zündschloß und Dynastarter.
Inkorrekte Auslegung der Starterkabelmaße.

Ursachen bei Störungen am elektrischen Anlasser

Der Anlasser dreht zu langsam oder gar nicht

Leere Batterie. Kleinste Schließvoltzahl des Anlasserrelais' beträgt 7,5 Volt.
Keine oder mangelhafte Verbindung zwischen den Batterieklemmen und den Batteriekabeln.
Defekte Batterie, eine oder mehrere Zellen zusammengebrochen.
Keine oder mangelhafte Verbindung zwischen dem +Kabel der Batterie und dem Anlasser und von dort über das Relais zum Zündschloß.
Anlaßschalter defekt.
Abgenutzte Anlasserkohlen.

Der Anlasser dreht durch, aber das Ritzel faßt nicht in den Zahnkranz

Zahnrad oder Zahnkranz defekt.

Der Anlasser dreht durch, blockiert aber wenn er in den Zahnkranz einrastet.

Siehe oben aufgeführte Ursachen "Der Anlasser dreht zu langsam oder gar nicht.

Der Anlasser dreht weiter, nachdem er im Zahnkranz eingerastet ist, dreht aber den Motor nicht durch

Die Kupplung auf dem Anlasserantrieb rutscht durch.

Der Anlasser dreht weiter, obwohl der Anlaßschalter außer Betätigung ist.

Defekter Anlaßschalter.
Die Anlasserspule klemmt.

Das Anlasserritzel rastet aus dem Zahnkranz nicht aus, nachdem der Motor angesprungen ist.

Anlasserantrieb oder Zahnkranz beschädigt.
Rückholfeder nicht stramm genug oder gebrochen.

Betriebsstörungen

Ursachen und Behebungen
beim
Motor

1. Der Motor springt gar nicht oder nur schlecht an.

Keine oder nur wenig Kompression

Ein- u. Auslaßventile lecken.
- Ventilsitze undicht.
- Ventilspiel zu klein.
- Ventilfedern schlaff oder gebrochen.
- Ventile klemmen in den Führungen.

Kolbenringe abgenutzt oder fest.
- Zu niedrige Betriebstemperatur.
- Falsches oder schlechtes Schmieröl.
- Normaler Verschleißzustand.

Abgenutzte Kolben u. Zylinderlaufbuchsen.
- Zu kaltes Kühlwasser.
- Normaler Verschleißzustand.

Klemmspuren an den Kolben und Laufbuchsen.
- Motor zu heiß gefahren.
- Ausfallen des Kühlsystems.
- Schmutziger Luftfilter.

Betriebstemperatur zu hoch.
- Ventilsitz herausgefallen.
- Schmutziger Luftfilter.
- Verschmutztes Seeventil.
- Zylinderdeckel gerissen.

Kaltstartfunktion defekt

Defekt im elektr. System.
- Sicherung durchgebrannt.
- Verbindung vom Sicherungskasten über den Kaltstartvorrichtungsschalter unterbrochen.
- Spiralen in der Kaltstartvorrichtung durchgebrannt.

Keine Kraftstoffzufuhr.
- Luft in der Leitung zwischen Tank und Kaltstart.
- Kugelventil undicht, so daß der Tank während der Lagerung leer wurde.

Kraftstoffsystem

Zu geringe Kraftstoffzufuhr.
- Kraftstofftank fast leer.
- Luft oder Wasser im System.
- Kraftstofförderpumpe defekt.
- Kraftstoffilter verstopft.

Druckventil in der Einspritzpumpe klemmt oder ausgeschlagen.
- Normaler Verschleiß. Kleine Kratzer auf dem Ventilkonus und dem Sitz.

Druckventil klemmt.
- Schmutz oder Wasser in der Pumpe.

Pumpenkolben und Zylinder abgenutzt.
- Schmutz oder Wasser in der Pumpe verursachen einen schnellen Verschleiß
- Normaler Verschleiß.

Stopp-Magnetschalter defekt, Kontrollgestänge in der höchsten Stellung arbeitet nicht.
- Inkorrekte Einstellung.
- Klemmen aufgrund unsachgemäßer Einstellung.

Kraftstoffdüse außer Funktion.
- Einspritzdruck zu niedrig.

Nadelventil in der Düse klemmt.
- Düsenöffnungsdruck zu niedrig. Es ist möglich, daß der Verbrennungsdruck den Ventilkolben vom Sitz abhebt u. in die Düse drückt, wobei er heiß wird und klemmt.

Fortsetzung nächste Seite ...

	Hohe Temperatur an der Düse, aufgrund von hoher Betriebslast des Motors und hoher Betriebstemperatur und plötzlich Stillstand des Motors, ohne vorher die Last wegzunehmen. Dadurch wird die Kühlwassertemperatur noch höher und die Düse wird so heiß, daß der Düsenkolben sich verklemmt.
	Die Düse wird zu heiß, da der Verbrennungsdruck zwischen Zylinderkopf und dem oberen Teil der Vorkammer oder an der Zylinderkopfdichtung austritt.
Ventil in der Düse leckt, wodurch der Kraftstoff nur wenig eingespritzt wird und aus der Düse herausleckt.	Ventil in der Düse ausgeschlagen oder am Ventilsitz verschlissen.
	Der Düsenkolben kann auch am Schaft selbst verschlissen sein. Das kann zurückzuführen sein auf einen zu großen Kraftstoffrücklauf der Rücklaufleitung von der Einspritzdüse.

2. Der Motor springt an, bleibt aber gleich danach stehen.

Fehlende Kraftstoffzufuhr.
Kraftstoffbehälter fast leer.
Wasser oder Luft im Kraftstoffsystem.
Kraftstoffilter verstopft.
Kolbenverschleiß aufgrund ungenügender Kühlung.
Kraftstofftank hat keine Entlüftung.
Zu wenig Ansaugluft im Motorraum.

3. Der Motor kommt nicht auf volle Leistung.

Auspuffgase gelangen in den Ansaugfilter.
Nockenwelle in Verbindung zur Kurbelwelle in falscher Stellung montiert.
Zündnocken auf der Nockenwelle hat sich verdreht.

Der Motor erreicht seine Höchstdrehzahl bei Vollast nur momentweise.
Fehlerquelle im Kraftstoffsystem, siehe Seite 1 "Kraftstoffsystem".
Zu wenig Ansaugluft im Motorraum.
Fernbedienung falsch eingestellt.
Höchste Stellung des Stoppgestänges falsch eingestellt.
Reglerarm hat sich verdreht auf der Reglerspindel.

Motordrehzahl fällt nach geringer Betriebsdauer ab.
Kraftstofftank hat zu wenig Entlüftung.
Zu wenig Ansaugluft im Motorraum.

4. Der Motorbetrieb unrund.

Motor hat Fehlzündungen, und die Drehzahl schwankt zu stark.
Luft oder Wasser im Kraftstoffsystem.
Kraftstoffilter verstopft.
Luft im Kraftstoff, zurückzuführen auf Leckage an der Förderpumpe.

5. Motordrehzahl ist zu hoch.

Der Regler arbeitet nicht einwandfrei.
Reglerspindel ist verbogen oder arbeitet zu träge.

Regler nicht richtig eingestellt.
Reglerarm hat sich auf der Spindel verdreht.

Leerlaufdrehzahl des Motors ist zu hoch.
Leerlauffeder zu stramm.

6. Der Motor klopft.

Hartes klopfendes Geräusch bei der Verbrennung.
Falsche Einstellung der Einspritzzeit verursacht eine zu frühe Zündung.

Der Motor ist zu hoch belastet oder läuft zu heiß.

Klopfendes Geräusch vom Motor.
Pleuelbolzen lose.
Lager ausgeschlagen oder -gefressen.
Hoher Verschleiß der Kolben oder Zylinderlaufbuchsen.

7. Der Motor qualmt schwarz.

Der Motor hat zu wenig Ansaugluft für die Verbrennung.
Luftfilter verstopft.
Kolben und Ringe abgenutzt oder verbrannt.
Kolben und Laufbuchsen ausgeschlagen.
Entlüftungsventil defekt.

8. Der Motor qualmt bläulich.

Der Motor verliert Schmieröl durch den Kolben in den Verbrennungsraum.
Luftfilter verstopft.
Kolben- und Ölabstreifringe abgenutzt oder verbrannt.
Kolben und Zylinderlaufbuchse abgenutzt.
Entlüftungsventil defekt.

9. Zu hoher Schmierölverbrauch.

Der Motor qualmt bläulich und hat hohe Rußablagerungen am Auspuffaustritt.
Siehe oben.

Schmierölleckage am Motor.
Dichtungen defekt.
Schmierölfilter leckt am Abdichtring.
Kurbelwellensimmerringe undicht.
Verschlußstopfen am Enddeckel der Gegengewichte undicht.

10. Zu hoher Kraftstoffverbrauch.

Leckage im Kraftstoffsystem.
Kraftstoffleitungen oder Schläuche undicht.
Kraftstofförderpumpe leckt.

Der Motor qualmt schwarz.
Siehe oben.

Schmieröl verdünnt mit Kraftstoff.
Leckage an der Kraftstofförderpumpe.

Teil R

Marine-Untersetzungsgetriebe

ZF - BW6

Inhalt

Technische Daten .... Seite R 3
Wartung .... Seite R 4
Reparaturen .... Seite R 4
Axialeinstellungen der Tellerfedern .... Seite R 5
Installation der Schaltmuffe .... Seite R 5
Einlappen der beweglichen Konusringe ...... Seite R 5
Einlappmethode .... Seite R 6
Einstellen der Lager .... Seite R 7
Einstellung des Schalthebels .... Seite R 8
Ausrichten des Zwischengehäuses .... Seite R 8

MARINE-WENDEGETRIEBE

ISA - ZF BW-6

Technische Daten:

max. Einlaßdrehmoment:

Getriebeuntersetzungen:

VORWÄRTS	RÜCKWÄRTS	BENZINMOTOREN	DIESELMOTOREN
2	1.76	16 kg x m	12 kg x m
2.5	2.77	13 kg x m	10 kg x m

Die angegebenen Daten beziehen sich auf die Vorwärtsuntersetzung bei einer max. Drehzahl von 4.500 U/min. Eine höhere Drehzahl könnte Verwendung finden, aber in solchen Fällen sollte man die technische Abteilung um Stellungnahme Bitten.

Einlaßdrehsinn:

Linkslauf von der Schwungscheibe gesehen.

Kraftübertragung:

Vorwärts wird über einen Zahnradsatz übertragen, wobei der Rückwärtsgang eine Kettenübertragung hat.

Schaltung:

Durch ZF-Konus-Kupplung.

Arbeitsbedingungen:

Zwischen Motor und Getriebe befindet sich eine elastische Kupplung, um die Übertragung von Torsionsschwingungen zu vermeiden. Diese elastische Übertragung muß auf die gesamte Propellereinheit Anwendung finden.

In der Regel wird vom Motorenhersteller eine brauchbare Auswahl vorgeschlagen.

Eine Getriebeschaltung darf nur bei Leerlaufdrehzahl vorgenommen werden (bei ca. 900 - 1.200 U/min.). Wir schlagen vor, bei einem Schaltvorgang den Schalthebel bei Neutralstellung einen kurzen Moment anzuhalten, um die Drehzahl des Motors zu reduzieren. Auf jeden Fall sollte man eine Einhebelschaltung verwenden.

Das Getriebe enthält zwei Sicherheitssysteme. Im Schaltgestänge
befinden sich zwei sehr leicht einstellbare Anschlagvorrichtungen,
um auf diese Weise einen Schaden zu vermeiden, wenn bei zu hoher
Drehzahl geschaltet wird. Weiter befinden sich auf der unteren
Schaltwelle auf jedem Ende ein Paar Belleville-Tellerfedern. Diese
lassen das Getriebe ausrasten, falls eine Überlastung auftritt,
bei ca. 40 - 70 kg x m Auslaßdrehmoment.

Wartung:

Belastung: Keine begrenzte Zeit bei nichtlaufendem Motor und
mitdrehendem Propeller.

Ölmenge: ca. 0,4 ltr. (0,7 pints).

Öl-Viskosität: Markengetriebeöl EP-SAE 90, oder normales
Motorenöl HD-SAE 30.

Ölwechsel: Das erste Mal nach 25 Betriebsstunden, dann nach
allen 150 Betriebsstunden oder einmal pro Jahr.

Ölstandkontrolle: Durch den Überlaufstutzen. Eine Kontrolle
sollte sehr sorgfältig vorgenommen werden,
da sowohl ein zu hoher als auch ein zu niedriger
Ölstand ein Überhitzen des Getriebes bewirken
kann. Unter normalen Arbeitsbedingungen sollte
die Temperatur 110°C nicht überschreiten, um die
Gummi-Simmerringe nicht zu beschädigen.
(Bei Bukh-Motoren wird ein Ölpeilstab benutzt).

Reparaturen:

Demontage: Falls aus berechtigten Gründen eine Getriebedemontage
vorgenommen werden muß, sollte diese Arbeit nur von einem Fachmann
mit ausreichenden Erfahrungen und Kenntnissen ausgeführt werden. Zuerst
müssen alle äußeren Teile sorgfältig gereinigt werden, damit kein
Schmutz in das Innere des Getriebes gelangt. Benutzen Sie am Getriebe niemals harte Schlagwerkzeuge sondern nur Plastikhämmer oder
Holz und Aluminium-Blöcke.

Wenn das Getriebe demontiert ist, sollten alle Einzelteile sorgfältig auf Beschädigungen untersucht werden, um dann die beschä-
digten oder solche Teile, die nicht repariert werden können,
auszusortieren. Alle Teile, die bei der Demontage beschädigt
werden könnten, wie z.B. Unterlegscheiben, Verschlußstopfen,
Bolzen oder Dichtringe sollten durch Neuteile ersetzt werden.

Um ein Getriebe zu zerlegen, entfernen Sie nur die Abdichtbleche
und den Antriebsflansch, dann die Schrauben, die die beiden Ge-
triebehälften zusammenhalten. Jetzt können Sie alle inneren Teile
begutachten.

Bei der Montage müssen Sie ganz besonder darauf achten, daß die
Lagerführungen, die Position der Lager und die Distanzscheiben
mit unterschiedlichen Stärken nicht verändert werden, um eine
Neueinstellung zu vermeiden.

Im Zweifelsfall muß eine erneute Einregulierung vorgenommen
werden. Der Vorgang wird später beschrieben.

Montage

In diesem Teil werden die verschiedenen Montagearbeiten erläutert. Die Arbeiten, die besondere Beachtung benötigen, werden detailliert behandelt.

Montagearbeiten

Axialeinstellung der Tellerfedern

Die Teile müssen so eingebaut werden, wie auf Seite 10 abgebildet. Setzen Sie die Distanzscheiben, Pos. 33 (1-1,8 mm Stärke) ein, bis der nötige Abstand ("Backlash") zwischen dem Getriebekonus und dem beweglichen Konus erreicht ist.
Um diese Arbeit richtig auszuführen, gehen Sie wie folgt vor:
Schieben Sie sowohl den beweglichen Konus als auch den Nadelkäfig, das Zahnrad, die Buchse (Abb. 34) und die Scheibe (Abb. 35) über die Abtriebswelle. Sichern Sie das letzte Teil mit der Hand, und setzen Sie über den beweglichen Konus einen Gleichheitsprüfer oder ein ähnliches Instrument. Drehen Sie den Konus solange, bis das Getriebe ohne Spiel (Backlash) anhält. Das Spiel des Konus während dieser Bewegung sollte zwischen 0.8 und 0.9 mm liegen. Falls das Maß nicht gewährleistet ist, wechseln Sie die Distanzscheiben (Abb. 33).

Für die andere Einstellung gehen Sie gleichermaßen vor. Die Einstellung von jeder der beiden Getriebewellen ist nicht gleich, daher muß sie unabhängig voneinander vorgenommen werden.

Installation der Schaltmuffe

Wie auf Abb. 11 gezeigt, muß die Schaltmuffe über die äußere Welle gepaßt werden. Mit einem Spezialwerkzeug kann man diese Arbeit leichter verrichten, um die Federn auf der Welle in die richtige Stellung zu bringen. Natürlich kann man auf ein Spezialwerkzeug verzichten und mit Hilfe von normalem Werkzeug die Federn zusammendrücken, während man die Muffe installiert.

Das Einlappen der beweglichen Konen

Bevor das Getriebe wieder zusammengebaut wird, muß man die Einstellung zwischen den Zahnrädern und den Synchronringen prüfen. Eine gute Passung ist nur möglich, wenn man diese Teile einlappt. Normalerweise verwendet man feine R-360 1/2-Schleifpaste (TETRABOR 800-Körnung).

Das Einlappen ist notwendig, um etwaige Winkel zwischen dem Synchronring und dem Zahnrad auszugleichen. Da durch das Einlappen die Oberfläche rauher wird, sollte vor der Montage die ganze Einheit einlaufen, um solche Unebenheiten auszugleichen.

Zwei Einlaufmethoden für das Getriebe:

1) Auf einer Testbank, 40 x schalten bei 800 U/min. und 10.

mal bei 1.300 U/min., nachdem Sie eine Schwungmasse am Abtriebsflansch installiert haben (von ca. 0,6 cm kg seg²).

2. Schalten, wie oben beschrieben, im Boot oder mit einer Luftschraube.

Einlappmethode:

Setzen Sie die Teile, wie auf Abb. 18 gezeigt, ein und streichen Sie das Zahnrad mit Tetrabor 800, in Öl gelöst, ein. Dann drehen Sie das Rad 45° nach links und rechts, indem Sie es mit beiden Händen fest andrücken. Diese Drehungen nehmen Sie 4 - 6 x vor. Nehmen Sie das Zahnrad herunter, drehen es um 90°. Wiederholen Sie die gleichen Bewegungen, bis die Winkel der beiden Konen übereinstimmen.

Wenn die Einlapparbeit beendet ist, säubern Sie sorgfältig den Konus, um keine Schleifpastenrückstände zu haben. Benutzen Sie ein gängiges Reinigungsmittel. Dann ölen Sie den molybdänen Konus und drücken den Ring über den Konus. Wiederholen Sie diesen Vorgang (ölen und drehenden Druck mit der Hand), bis die dunkle trübe Ölfarbe verschwindet.

Wenn das Getriebe zusammengebaut ist, blockieren Sie die Einlaßwelle und prüfen Sie das Anzugsmoment des Wellenflansches, es beträgt 40 - 70 kg x m. Es kann auch, ohne die Welle zu blockieren, mit einem Spezialwerkzeug geprüft werden.

Natürlich sollten die eingelappten Teile zusammen eingebaut werden.

Installieren Sie Belleville-Scheiben und Konuslager wie auf Abb. 36 gezeigt.

Verfahren Sie gleichermaßen bei beiden Wellenenden. Installieren Sie, vorher erwärmt, die Hülse 21. Die Hülse auf der gegenüberliegenden Seite braucht nicht erwärmt zu werden.

Auf der gegenüberliegenden Flanschseite (siehe Seite 10) installieren Sie auf jeden Fall den Bolzen und die Scheibe, mit ca. 5 kg x m anziehen. Mit Loctite einsetzen, damit das Lager in der richtigen Stellung angezogen wird.

Das Lager muß den Druck der Federteller überwinden, bis der innere Rand am Distanzring Abb. 34 anliegt, sonst ist die Montage nicht korrekt ausgeführt. Deshalb muß der Anzugsbolzen den Widerstand des Lagers und der Federteller die Welle überwinden (jetzt etwas abgekühlt). Gewöhnlich reicht ein Anzugsmoment von 5 kg x m aus, den Widerstand zu überwinden und die Teile in die richtige Position zu bringen. Während des Anzugsvorgangs fühlt man zunächst einen elastischen Widerstand, nämlich den der Tellerfeder. Danach fühlt man einen harten Widerstand, wenn das Lager in der richtigen Stellung steht. Falls es notwendig ist, mehr als 5 kgm Anzugsmoment anzuwenden, muß man absolut sicher sein, daß das Lager vorher in die richtige Stellung gebracht wurde.

Trotzdem soll das Befestigen des Bolzens nach der Montage des Getriebes wiederholt oder nachgestellt werden. Nachdem das Lager auf der Einlaßwelle montiert ist (erhitzen, wie vorher bei der Austrittswelle erklärt), verbinden Sie die beiden Teile mit der Schalt- und Kettenwelle, und danach montieren Sie die komplette Montage in der Gehäusehälfte.

Sorgfältig müssen Sie darauf achten, daß die äußeren Laufringe der vier Lager nicht am Gehäuse anlaufen.

Jetzt setzen Sie die beiden Gehäusehälften mit HERMETITE zusammen.

Setzen Sie zuerst zwei Bolzen ein, um die Hälften zusammenzuhalten. Mit einem Anzugsmoment von 2-2,5 kgm anziehen.

Justierung der Lager

Die Konuslager haben eine einzelne Überlastung von 0,08-0,11 mm. Setzen Sie die Einstelluhr auf, setzen Sie die Distanzscheiben ein (Pos. 33) zwischen den Ringen und dem vorderen Deckel, bis eine Überlastung von 0,08-0,11 erreicht wird.

Führen Sie den äußeren Ring sorgfältig mit leichten Schlägen ein, damit dieses genau zu den Konuslagern paßt, bevor Sie die Lager messen.

Der Abschlußdeckel und das Gehäuse werden mit HERMETITE zusammengesetzt, mit einem Anzugsmoment von 2 - 2,5 kgm anziehen. Montieren Sie noch nicht den unteren Deckel auf der Einlaßseite.

Jetzt montieren Sie den Abtriebsflansch. Beachten Sie genau die Aufheiztemperatur, so daß der Flansch leicht mit der Hand, ohne Gewalt, aufgesteckt werden kann.

Setzen Sie jetzt das ganze Getriebe auf eine Presse, aufliegend nur auf dem äußeren Rand des unteren Lagers. Drücken Sie mit 3 oder 4 to Druck auf den Flansch. Jetzt ziehen Sie den Bolzen, vorher mit LOCTITE 84 bearbeitet, mit einem Drehmoment von 5 kgm an. Wenn Sie die untere Schraube nachziehen, das gleiche Anzugsmoment anwenden.

Der Grund für diesen vielleicht komplizierten Montagevorgang liegt darin, daß man ganz sicher ist, daß beide äußeren Konuslager genau über dem Teil Abb. 34 sitzen und nicht über der Tellerfeder.

Weil das Anzugsmoment von 5 kgm manchmal nicht ausreicht, den Widerstand aller vorher erhitzten Teile und den der Tellerfedern zu überwinden, ist es notwendig

einen Druck von 3 - 4 to aufzuwenden und sicher zu sein, daß
die Lager in der korrekten Position sitzen.

Montieren Sie jetzt den Deckel auf der Einlaßseite in der
gleichen Weise wie die anderen Deckel.

Einstellen der Schaltgabel

Die Einstellung der Schaltgabel in der richtigen Stellung ist
wichtig, um zu verhindern, daß der Riegel Abb. 33 gegen den
Ring Abb. 52 drückt, wenn man den Gang einlegt. Diese Einstellung wird wie folgt vorgenommen:

Bei eingelegtem Gang (Seite 12) drehen Sie die Schrauben Abb. 27
(vorher mit LOCTITE bearbeitet) in das Gehäuse hinein, bis sie
gerade die Schaltgabel berühren. Diesen Moment bemerken Sie,
wenn die Gabel sich nach rückwärts bewegt.

Mit einer ähnlichen Vorrichtung oder mit einem Maß über
das Ende des Schalthebels (Seite 12 Abb. 12) messen Sie jetzt
den Versatz. Drehen Sie die Schrauben weiter hinein, bis der
Versatz ca. 0,2 mm beträgt.

Gehen Sie genauso beim anderen Gang vor.

Schrauben Sie die Muttern Abb. 28, bearbeitet mit LOCTITE,
auf die Bolzen (Anzugsmoment 1 kgm). Wenn Sie diese Muttern
anziehen, vermeiden Sie, daß sich die Schrauben drehen.

Jetzt prüfen Sie folgendes:

Mit einem eingelegten Gang drücken Sie über den Ganghebel
(Länge 25 cm, Druck ca. 2 kg) und beobachten Sie, ob sich
der Flansch mit der Hand dreht, falls zu leicht oder zu
schwer, stellen Sie ihn nach.

BEMERKUNG: Das Maß 0,2 wurde als Richtmaß angegeben, es ist
nur gültig bei der Endjustierung, wie oben beschrieben.

Beim Probelauf auf der Testbank muß die Schwungmasse auf der
Auslaßseite angebracht sein.

Nach dem Testlauf wird das Entlüftungsventil mit einem
Anzugsmoment von 1 kgm angezogen. Die Einfüll-/Ablaßschrauben
werden mit einem Anzugsmoment von 2 - 2,5 kgm angezogen.

Ausrichten des Zwischengehäuses

Nach der Montage des Getriebes Pos. 9/Seite 9 muß das Zwischengehäuse Pos. 1 Seite 9 mit dem Getriebe innerhalb von einer
Toleranz von 0,05 mm ausgerichtet werden.

Diesen Vorgang kann man mit einem Micrometer vornehmen oder
mit einem bearbeiteten Ring (unteres Bild).

Ausrichtwerkzeug für Zwischengehäuse (Micrometer nicht eingeschlossen).Best. No. V 2110.

R 9

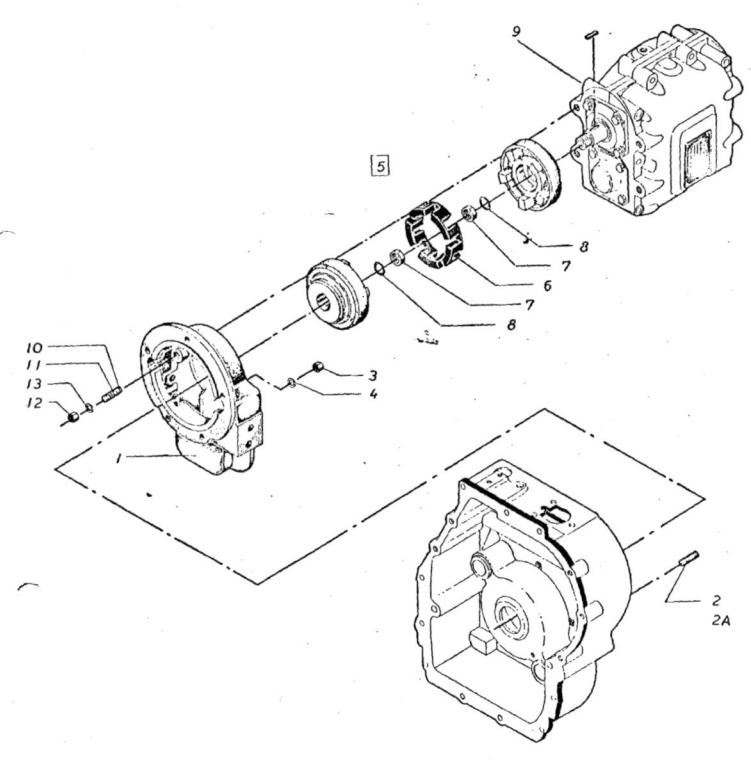

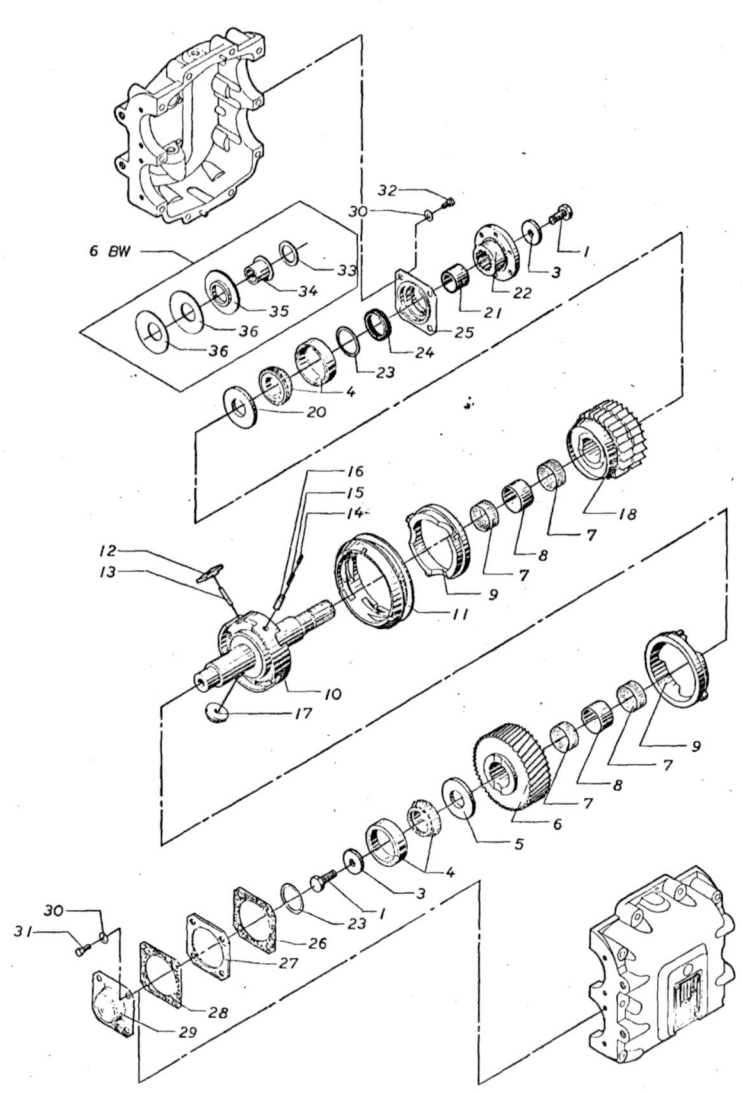

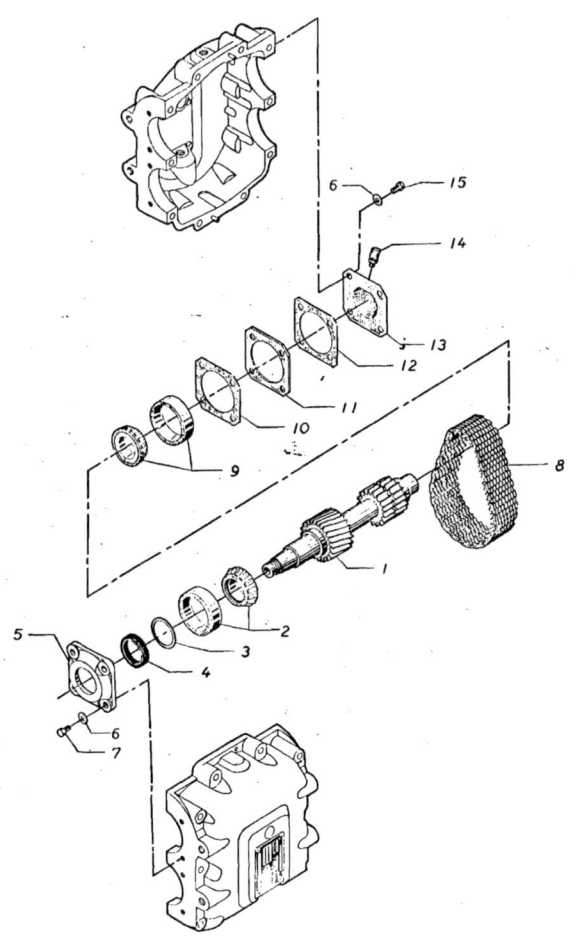

R 12

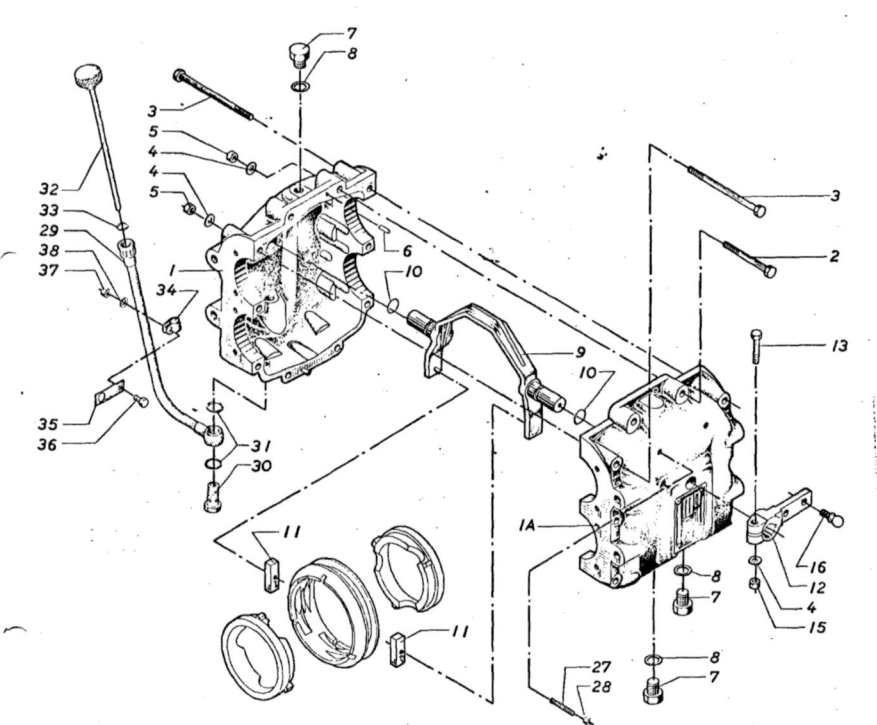